Die Geschichte Israels

ERSTELLT VON SKRIUWER

Copyright © 2025 bei Skriuwer.

Alle Rechte vorbehalten. Kein Teil dieses Buches darf ohne schriftliche Genehmigung in irgendeiner Form verwendet oder vervielfältigt werden, es sei denn, es handelt sich um kurze Zitate in kritischen Artikeln oder Rezensionen.

Bei **Skriuwe**r sind wir mehr als nur ein Team - wir sind eine globale Gemeinschaft von Menschen, die Bücher lieben. Auf Friesisch bedeutet „Skriuwer" „Schriftsteller", und das ist das Herzstück unserer Arbeit: das Erstellen und Teilen von Büchern mit Lesern weltweit. Wo auch immer Sie auf der Welt sind, **Skriuwer** ist hier, um Sie zum Lernen zu inspirieren.

Friesisch ist eine der ältesten Sprachen Europas, eng verwandt mit dem Englischen und dem Niederländischen, und wird von etwa **500 000 Menschen** in der Provinz **Friesland** (Fryslân) im Norden der Niederlande gesprochen. Es ist die zweite Amtssprache der Niederlande, aber wie viele Minderheitensprachen steht auch Friesisch vor der Herausforderung, in einer modernen, globalisierten Welt zu überleben.

Wir verwenden das Geld, das wir verdienen, um die friesische Sprache zu fördern.

Weitere Informationen erhalten Sie unter: **kontakt@skriuwer.com** (www.skriuwer.com)

Haftungsausschluss:
Die Bilder in diesem Buch sind kreative Neuinterpretationen von historischen Szenen. Obwohl alle Anstrengungen unternommen wurden, das Wesen der dargestellten Epochen genau zu erfassen, können einige Abbildungen künstlerische Ausschmückungen oder Annäherungen enthalten. Sie sollen die Atmosphäre und den Geist der jeweiligen Zeit wiedergeben und nicht als genaue historische Aufzeichnungen dienen.

INHALTSVERZEICHNIS

KAPITEL 1: VORGESCHICHTE: LANDSCHAFTEN UND FRÜHE ZIVILISATIONEN

- Geografische und klimatische Grundlagen
- Früheste Spuren menschlicher Besiedlung
- Übergang zu Ackerbau und ersten Sesshaftigkeiten

KAPITEL 2: DIE KANAANITER UND IHRE WELT

- Kanaan als Stadtstaatenkultur
- Polytheistische Religion und Handelsbeziehungen
- Niedergang durch äußere Einflüsse

KAPITEL 3: DIE ZEIT DER PATRIARCHEN UND IHRE BEDEUTUNG

- Erzählungen um Abraham, Isaak und Jakob
- Bund und Verheißung im biblischen Verständnis
- Nomadische Lebensweise und historischer Kern

KAPITEL 4: DER EXODUS & DAS VOLK ISRAEL IN ÄGYPTEN

- Biblische Erzählung des Auszugs und die Rolle Moses
- Die Zehn Plagen und das Paschafest
- Wüstenwanderung und Gottesoffenbarung am Sinai

KAPITEL 5: DIE LANDNAHME KANAANS UND DIE RICHTERZEIT

- Josua und die Eroberung des Landes
- Richter als charismatische Führer in Krisenzeiten
- Konflikte mit Nachbarvölkern und Identitätsbildung

KAPITEL 6: DIE ANFÄNGE DES KÖNIGREICHS ISRAEL

- Übergang von der Stammeskonföderation zum Königtum
- Salbung und Herrschaft Sauls
- Entstehung einer zentralen Ordnung

KAPITEL 7: KÖNIG DAVID & DIE GRÜNDUNG JERUSALEMS

- David als erfolgreicher Feldherr und politischer Stratege
- Jerusalem als Hauptstadt und geistiges Zentrum
- Familienkonflikte und innerpolitische Spannungen

KAPITEL 8: SALOMO & DIE ZEIT DES GEEINTEN REICHES

- Salomos Weisheit und wirtschaftliche Blüte
- Bau des Ersten Tempels in Jerusalem
- Außenpolitische Beziehungen und Schattenseiten

KAPITEL 9: DIE SPALTUNG IN NORD- UND SÜDREICH

- Rehabeams Fehlentscheidung und Gründung Israels (Nordreich)
- Juda (Südreich) unter Daviddynastie
- Unterschiedliche Kultzentren und andauernde Rivalität

KAPITEL 10: DIE KÖNIGE ISRAELS UND JUDAS – MACHTKÄMPFE UND PROPHETEN

- Omri-Dynastie und die Rolle Ahabs
- Propheten (Elia, Elisa, Amos, Hosea) als mahnende Stimmen
- Wechselhafte Beziehungen zwischen den beiden Reichen

KAPITEL 11: DER UNTERGANG DES NORDREICHS DURCH DIE ASSYRER

- Instabilität im Nordreich und aufstrebende Macht Assyriens
- Belagerung Samarias (722 v. Chr.) und Deportation
- Verstreuung der „Zehn Stämme" und Folgen

KAPITEL 12: DAS BABYLONISCHE EXIL UND DIE ZERSTÖRUNG JERUSALEMS

- *Einnahme Judas durch die Babylonier*
- *Tempelzerstörung (586 v. Chr.) und Exil*
- *Prophetische Mahnungen und Hoffnungen*

KAPITEL 13: RÜCKKEHR AUS DEM EXIL UND WIEDERAUFBAU

- *Kyros-Edikt und Heimkehr einer Exilgruppe*
- *Wiederaufbau des Zweiten Tempels (515 v. Chr.)*
- *Esra und Nehemia: Tora-Festigung und Stadtmauern*

KAPITEL 14: DIE PERSISCHE ZEIT UND DAS LEBEN DER JUDEN

- *Verwaltungsstruktur „Jehud" und relative Autonomie*
- *Persische Toleranzpolitik und religiöse Entwicklung*
- *Diaspora in Babylon, Entstehung erster Schriftauslegungen*

KAPITEL 15: DER HELLENISMUS – ALEXANDER DER GROßE UND SEINE NACHFOLGER

- *Einfluss der griechischen Kultur auf Judäa*
- *Ptolemäer- und Seleukidenherrschaft*
- *Hellenisierung und innere Konflikte im Judentum*

KAPITEL 16: DIE MAKKABÄISCHE REVOLTE UND DAS HASMONÄERREICH

- *Aufstand gegen die Religionspolitik Antiochos' IV.*
- *Judas Makkabäus und Chanukka-Feier*
- *Hasmonäisches Königtum, Expansion und Spannungen*

KAPITEL 17: DIE RÖMISCHE EROBERUNG UND DAS HERODIANISCHE ZEITALTER

- *Pompeius' Einmarsch (63 v. Chr.)*
- *Herodes der Große: brutale Macht und gewaltige Bauprojekte*
- *Abhängigkeit von Rom und Niedergang der Hasmonäer*

KAPITEL 18: JÜDISCHE AUFSTÄNDE GEGEN ROM UND DIE ZERSTÖRUNG DES ZWEITEN TEMPELS

- *Erster Jüdischer Krieg (66–70 n. Chr.) und Fall Jerusalems*
- *Tempelbrand (70 n. Chr.) und Massada (73/74 n. Chr.)*
- *Bar-Kochba-Aufstand (132–135 n. Chr.) und Folgen*

KAPITEL 19: DIE DIASPORA UND DAS RABBINISCHE JUDENTUM

- *Neustrukturierung ohne Tempel: Jawne und die Rabbinen*
- *Mischna, Talmud und Synagogenkultur als Lebensader*
- *Weltweite Diaspora: wirtschaftliche, religiöse Vernetzung*

KAPITEL 20: AUSBLICK AUF SPÄTERE ENTWICKLUNGEN

- *Byzanz, islamische Expansion und Fortleben jüdischer Zentren*
- *Mittelalterliche Blüte in Sepharad und Aschkenas*
- *Vertreibungen, Ghettoisierung und Übergang in die Frühe Neuzeit*

Kapitel 1: Vorgeschichte: Landschaften und frühe Zivilisationen

Einleitung

Das Land, das wir heute als Israel kennen, ist geformt durch besondere geografische und klimatische Bedingungen. Seine Geschichte beginnt schon in grauer Vorzeit, als Menschen erstmals die Levante, eine Region östlich des Mittelmeeres, bewohnten. Dieses Gebiet weist eine faszinierende Vielfalt auf: Küstenebenen, Bergzüge, fruchtbare Täler, Wüstenregionen und den tiefsten Punkt der Erde am Toten Meer. Der geographische Rahmen hat die Menschen geprägt, die hier lebten. Das Klima schwankt zwischen den milden, regenreicheren Küsten- und Bergregionen und den kargen Wüstengebieten im Osten und Süden.

In diesem ersten Kapitel werden wir uns damit beschäftigen, wie die natürlichen Bedingungen die frühe Entwicklung von Zivilisationen beeinflussten. Wir machen einen Streifzug durch die Steinzeit und Bronzezeit, um zu verstehen, welche Kulturen und Völker hier bereits vor vielen Jahrtausenden existierten. Wir betrachten Jäger und Sammler, die in Höhlen Unterschlupf fanden, und die ersten bäuerlichen Gemeinschaften, die neue Methoden des Ackerbaus und der Viehzucht entwickelten. Dabei nehmen wir kleine Schritte vor, um die Entwicklung gut nachzuvollziehen.

1.1 Geografische und klimatische Grundlagen

Die Levante umfasst im engeren Sinne das Gebiet des heutigen Israels, Palästinas, Libanons und westlichen Syriens. Sie bildet eine Art Brücke zwischen Afrika und Asien. Dadurch zogen über Jahrtausende Handelswege hindurch und machten das Gebiet zu einer Schnittstelle der Kulturen. Zudem findet man hier viele Mikroklimate: An der Küste ist das Mittelmeerklima mit warmen Sommern und feuchten Wintern vorherrschend, während im Landesinneren Bergketten für kühlere Temperaturen sorgen. Weiter östlich, im Gebiet des Jordantals, herrscht oftmals schon ein wärmeres und trockeneres Klima.

Diese Unterschiede beeinflussten die Wirtschaft und Lebensweise der frühen Bewohner. Wer an der Küste lebte, konnte fischen und profitierte vom maritimen Handel. In den Bergen boten sich andere Möglichkeiten wie

Weinanbau, Schaf- oder Ziegenhaltung. In den Wüstenregionen führten Nomaden ihre Herden von Oase zu Oase. So entstand schon früh eine Vielfalt an Lebensformen, die durch später einwandernde Gruppen noch komplexer wurde.

1.2 Früheste Spuren menschlicher Besiedlung

Funde in verschiedenen Höhlen – etwa in der Karmel-Gegend – belegen, dass bereits in der Altsteinzeit (Paläolithikum) Menschen im heutigen Israel lebten. Dort entdeckte man Werkzeuge aus Stein, Reste von Tierknochen und gelegentlich auch Spuren einer frühen Bestattungskultur. Obwohl diese Menschen noch nicht sesshaft waren, entwickelten sie allmählich bestimmte Formen des Zusammenlebens. Man geht davon aus, dass Gruppen von Jägern und Sammlern auf Wanderschaft blieben, je nach den verfügbaren Nahrungsquellen.

Die bedeutendsten Funde stammen unter anderem aus der Nahal-Me'arot-Region, in der Höhle Tabun und in der Höhle Skhul. Dort fand man Belege für die Anwesenheit von Neandertalern und anatomisch modernen Menschen (Homo sapiens). Dass sich diese beiden Menschenarten zeitlich überschnitten, ist heute ein spannendes Forschungsfeld, das immer noch neue Erkenntnisse hervorbringt. Diese Besiedlung lag vor zigtausend Jahren und bildet sozusagen das Fundament der Geschichte der Region.

1.3 Übergang von Jägern und Sammlern zu Ackerbau und Viehzucht

Ein Wendepunkt in der Menschheitsgeschichte war der Übergang zur Landwirtschaft, oft als neolithische Revolution bezeichnet. In der Levante geschah dies schrittweise. Menschen begannen, Wildpflanzen wie Gerste, Weizen und Hülsenfrüchte systematisch anzubauen. Auch die Domestikation von Tieren wie Schafen, Ziegen und später Rindern veränderte die Lebensweise tiefgreifend. Sie ermöglichten eine sesshafte Lebensform, bei der Häuser gebaut und Gemeinschaften gebildet wurden.

Siedlungen wie Jericho im Jordantal zählen zu den ältesten stadtartigen Ansiedlungen der Welt. Die Bewohner mussten Bewässerungssysteme anlegen, um auch in trockenen Zeiten ernten zu können. Die fruchtbaren Böden in den Tälern und Ebenen waren ideal. Mit der Zeit entwickelten sich feste Dorfgemeinschaften, die den Grundstock für spätere Stadtstaaten bildeten.

1.4 Erste dörfliche Strukturen und kulturelle Entwicklungen

Mit dem Sesshaftwerden entstanden auch soziale Strukturen: Es gab Personen, die die Getreidespeicher verwalteten, während andere sich auf Viehzucht oder Handwerk spezialisierten. Diese Arbeitsteilung führte zu einem gewissen wirtschaftlichen Überschuss, der Handel ermöglichten. Tonwaren, Metallwerkzeuge und Schmuck zeigten, dass Handwerkskunst immer fortschrittlicher wurde.

Frühe Siedlungen hatten häufig Lehmbauten, die aus sonnengetrockneten Ziegeln errichtet wurden. In Jericho fand man sogar eine Stadtmauer, die auf eine organisierte Verteidigung hinweist. Kulturell zeigten sich erste religiöse Vorstellungen, etwa in Form von Statuetten und Symbolen, die möglicherweise Fruchtbarkeitsriten oder Schutzgeister repräsentierten.

1.5 Fortschritt in der Kupfer- und frühen Bronzezeit

Die Kupferzeit (Chalkolithikum) brachte neue Techniken mit sich. Kupfer konnte geschmolzen und zu Werkzeugen oder Waffen verarbeitet werden. Die Fähigkeit, Metalle zu nutzen, beschleunigte die Entwicklung von Handelsbeziehungen, weil Rohstoffe importiert und fertige Produkte exportiert wurden. So entstand ein Netzwerk entlang wichtiger Handelswege.

In der frühen Bronzezeit entwickelten sich schließlich die ersten stadtähnlichen Zentren. Diese Siedlungen wiesen Befestigungsmauern, repräsentative Gebäude und Vorratsspeicher auf. Die Menschen handelten mit Nachbargebieten wie Ägypten und Mesopotamien. Schriftformen wie die Keilschrift in Mesopotamien existierten schon, beeinflussten die Levante aber zunächst nur am Rande. Wichtiger war die Weiterentwicklung lokaler Traditionen.

1.6 Einflüsse benachbarter Hochkulturen

Die geographische Lage Israels machte das Gebiet zu einem Durchzugsland für Handel und Armeen. Ägypten im Südwesten und Mesopotamien im Nordosten waren frühe Hochkulturen. Ägyptische Pharaonen unternahmen Expeditionen nach Kanaan, um Rohstoffe wie Holz, Kupfer und Stein zu erhalten. Auch Mesopotamien übte Einfluss aus, etwa durch Handelskontakte.

Diese äußeren Einflüsse brachten kulturelle und technologische Impulse. Ideen wurden übernommen, Techniken weiterentwickelt und neue Götter oder Kulte konnten Einzug halten. Oft wurde jedoch nur das übernommen, was sich mit den lokalen Traditionen verbinden ließ. Man entwickelte eine eigene Mischkultur, die sich durch Kreativität und Anpassungsfähigkeit auszeichnete.

1.7 Zwischenstand: Bedeutung der Vorgeschichte

All diese Entwicklungen in der Steinzeit, Kupferzeit und frühen Bronzezeit legten das Fundament für das, was später im Land Israel entstand. Viele Erkenntnisse, die Archäologen aus den ältesten Schichten in Jericho, Megiddo oder Hazor gewonnen haben, ermöglichen uns, die Wurzeln der sesshaften Gesellschaft zu verstehen.

Damit ist klar: Israel hat keinen „Startpunkt" in der Bibel allein. Vielmehr setzt sich seine frühe Geschichte aus vielen Vorstufen zusammen. Die Bibel erzählt die Geschichte eines Volkes, das in diesem Land lebte, aber das Land selbst hatte schon eine ausgedehnte Vorgeschichte, lange bevor die Israeliten als kollektive Gruppe in Erscheinung traten.

1.8 Archäologie und ihre Bedeutung für unser Geschichtsbild

Die moderne Archäologie spielt bei der Erforschung des alten Israels und seiner Vorgeschichte eine zentrale Rolle. Ausgrabungen liefern konkrete Beweise für Siedlungen, Handelsbeziehungen und kulturelle Praktiken. In vielen Fällen ergänzen sie die biblische Erzählung oder stellen Hypothesen auf, die über die tradierten Texte hinausgehen.

Die Forschungen legen nahe, dass es keine abrupte Gründung eines „Volkes Israel" gab, sondern einen langsamen Prozess, in dem Gruppen von Menschen ihre Identität formten. Diese Erkenntnisse leiten allmählich über zum nächsten Kapitel, das sich mit den Kanaanitern befasst, denjenigen, die das Land in der mittleren und späten Bronzezeit dominierten.

1.9 Zusammenfassung des Kapitels

- Das Land Israel ist klimatisch und geografisch sehr vielfältig.
- Früheste menschliche Spuren reichen bis in die Altsteinzeit zurück.

- Die Entwicklung von Jägern und Sammlern zu sesshaften Bauern hat die Grundlage für spätere Gemeinschaften gelegt.
- Erste Siedlungen wie Jericho zählen zu den ältesten Stadtanlagen weltweit.
- Kulturelle, technische und religiöse Einflüsse kamen von umliegenden Hochkulturen wie Ägypten und Mesopotamien.
- Die Vorgeschichte ist komplex und bildet das Fundament für die spätere Entwicklung dessen, was wir als „Israel" kennen.

Damit haben wir einen ausführlichen Blick auf die Anfänge geworfen. Im nächsten Kapitel wird es um die Kanaaniter gehen, die in der mittleren und späten Bronzezeit das Land prägten und eine wichtige Rolle in der Geschichte spielten.

Kapitel 2: Die Kanaaniter und ihre Welt

Einleitung

Bevor die Israeliten als klar erkennbare Gruppe im Land auftraten, lebten hier vor allem die Kanaaniter. Sie besiedelten verschiedene Stadtstaaten, die sich über die Region verteilten. Das Wort „Kanaan" wird schon in altägyptischen Texten erwähnt und bezeichnete damals ein Gebiet, das nicht streng durch nationale Grenzen definiert war. Es war vielmehr ein kultureller Raum, in dem Menschen ähnliche Sprache, Religion und Lebensweise teilten.

In diesem Kapitel nehmen wir die Kanaaniter näher in den Blick. Wir betrachten ihre politische Organisation, ihre Religion und ihre wirtschaftlichen Grundlagen. Außerdem gehen wir auf archäologische Entdeckungen ein, die ein Bild ihrer Lebenswelt zeichnen. Wir bleiben bewusst in der Bronzezeit, damit wir verstehen, wie die Bühne bereitet war, auf der später die Geschichten der Israeliten stattfanden.

2.1 Herkunft und Begriff „Kanaan"

Der Begriff „Kanaan" taucht in ägyptischen, mesopotamischen und auch biblischen Quellen auf. In ägyptischen Texten werden „Ka-na-na" oder ähnliche Schreibweisen erwähnt, die auf bestimmte Regionen in der südlichen Levante hinweisen. Im Alten Testament ist „Kanaan" das Land, das Gott den Israeliten versprochen habe.

Die genaue Herkunft der Kanaaniter ist schwierig festzulegen. Man nimmt an, dass sie aus verschiedenen semitischsprachigen Gruppen entstanden. Ihre Kultur wurde von den umliegenden Regionen beeinflusst, blieb jedoch eigenständig. Sie hatten ihre eigenen Städte und Fürstentümer, die häufig in Konkurrenz zueinander standen.

2.2 Kanaan als Stadtstaatenkultur

In der mittleren bis späten Bronzezeit (ca. 2000 bis 1200 v. Chr.) entwickelten sich in Kanaan zahlreiche Stadtstaaten. Bekannte Städte waren Jericho, Megiddo, Hazor, Lachisch, Gezer und viele andere. Diese Städte waren oft befestigt und von Mauern umgeben, da sie sich gegenseitig bekriegten oder sich gegen äußere Feinde verteidigen mussten.

Das politische System basierte auf lokalen Fürsten oder Königen, die über ihre Stadt und das Umland herrschten. Manchmal schlossen sich mehrere Städte in Bündnissen zusammen, um sich gegen einen übermächtigen Gegner zu verteidigen. Häufig wechselten jedoch die Allianzen, je nachdem, welche Stadt gerade die Oberhand hatte.

2.3 Wirtschaft und Handel

Die geographische Lage Kanaans zwischen Ägypten und Mesopotamien machte es zu einem wichtigen Handelsdurchgang. Karawanen und Handelszüge brachten Güter wie Metalle, Holz, Gewürze und Textilien ins Land oder führten sie hindurch. Dadurch erlebten die Stadtstaaten einen wirtschaftlichen Aufschwung, sofern sie die Handelswege kontrollierten oder Zoll erheben konnten.

Auch der Seehandel spielte eine Rolle. Zwar hatten die Küstenstädte eigene Häfen, doch im Vergleich zu den phönizischen Städten (weiter nördlich) waren die kanaanitischen Häfen weniger dominant. Dennoch profitierte man vom maritimen Austausch, etwa mit Zypern und anderen Inseln im östlichen Mittelmeer.

Ackerbau und Viehzucht bildeten nach wie vor die Grundlage für die meisten Menschen. Getreideanbau, Olivenhaine und Weinberge sorgten für Grundnahrungsmittel und Handelswaren. Handwerker stellten Tonwaren, Werkzeuge und Schmuck her, die in umliegende Regionen verkauft wurden.

2.4 Religion und Götterwelt

Die Kanaaniter hatten eine polytheistische Religion mit einer Vielzahl von Göttern. Zu den wichtigsten gehörte El, oftmals als oberster Gott gesehen, sowie Baal, ein Wetter- und Fruchtbarkeitsgott. Aschera oder Astarte waren weibliche Gottheiten, oft mit Fruchtbarkeit und Mutterschaft verbunden.

Tempel und Kulte spielten eine zentrale Rolle im städtischen Leben. Priester besaßen großen Einfluss und waren Vermittler zwischen Mensch und Gottheit. Opfer und Rituale sollten die Götter wohlwollend stimmen. Es gab auch Fruchtbarkeitsriten und Feste zu Ehren bestimmter Gottheiten, wobei die Naturzyklen (Regenzeit, Erntezeit) stets eine große Rolle spielten.

2.5 Kultur und Schrift

Die Kanaaniter benutzten verschiedene Schriftsysteme. In einigen Stadtstaaten fand man Keilschriften auf Tontafeln, angelehnt an mesopotamische Vorbilder. Zudem entwickelte sich ein frühes Alphabet, das später zu den phönizischen und letztlich zu den hebräischen und aramäischen Alphabeten führen sollte. Dieses Alphabet war eine Revolution, weil es deutlich einfacher zu erlernen war als die komplexe Keilschrift.

Kunst und Architektur spiegelten Einflüsse aus Mesopotamien und Ägypten wider, blieben aber eindeutig kanaanitisch geprägt. Tonfiguren, Siegel und dekorierte Gegenstände geben Einblicke in religiöse Vorstellungen und Alltagskultur.

2.6 Beziehungen zu Ägypten

Kanaan war oft Ziel ägyptischer Kampagnen. Die Pharaonen der mittleren und vor allem der späten Bronzezeit strebten an, die Levante zu kontrollieren, um Handelswege zu sichern und Pufferzonen gegen andere Großmächte zu schaffen. In den Amarna-Briefen, einer Sammlung von Tontafeln aus Ägypten, sind Korrespondenzen zwischen dem Pharao und kanaanitischen Fürsten erhalten.

Diese Briefe zeigen, wie abhängig viele Stadtstaaten von Ägypten waren. Sie baten um militärische Hilfe oder versuchten, sich in intriganter Weise gegenseitig auszuspielen. Ägyptische Garnisonen wurden teilweise in den Städten stationiert, wodurch die Kanaaniter in die ägyptische Sphäre eingebunden waren.

2.7 Der Niedergang der kanaanitischen Stadtstaaten

Um 1200 v. Chr. kam es zu größeren Umwälzungen im gesamten östlichen Mittelmeerraum, die oft als „Zusammenbruch der bronzezeitlichen Kulturen" bezeichnet werden. Seevölker fielen in verschiedene Gebiete ein und lösten Wanderungsbewegungen aus. Auch Ägypten schwächte sich allmählich, wodurch sich der Einfluss auf Kanaan verringerte.

Mehrere Städte wurden zerstört oder aufgegeben. Diese Zeit bildet den Hintergrund für die Entstehung neuer Gruppen in der Region, darunter auch der

Philister und anderer Völker. Inmitten dieses Umbruchs kam es wohl auch zur Formierung israelitischer Gruppen im Hügelland. Obwohl die genauen Abläufe umstritten sind, ist es klar, dass das alte System der kanaanitischen Stadtstaaten zerbrach.

2.8 Archäologische Einblicke in die kanaanitische Welt

Die Ruinen der großen kanaanitischen Städte, wie Hazor oder Megiddo, geben Archäologen heute Einblicke in Befestigungsanlagen, Paläste und Tempel. Im Schutt fand man Gefäße, Werkzeuge und Schmuck, die Zeugnis ablegen von Kunstfertigkeit und Handel. Forscher können an den Schichten von Zerstörung ablesen, wann und wie Städte angegriffen oder niedergebrannt wurden.

In einigen Orten fand man auch Tontafeln mit diplomatischer Korrespondenz. Solche Funde sind unschätzbar wertvoll, weil sie konkrete Einblicke in politische Machtstrukturen und Alltagsleben liefern. Sie zeigen außerdem, dass Kanaans Fürsten in einem dichten Netz internationaler Beziehungen eingebunden waren.

2.9 Verbindung zur biblischen Überlieferung

Die biblischen Texte beschreiben Kanaan als das Land, das den Israeliten von Gott versprochen wurde. Oft ist von Kriegen gegen die Kanaaniter die Rede, von der Eroberung durch Israel und der Vernichtung kanaanitischer Kultstätten. Ob diese Geschichten historisch exakt so stattgefunden haben, wird seit Jahrhunderten diskutiert.

Archäologisch lässt sich belegen, dass viele Städte in mehreren Wellen zerstört wurden. Ob die Israeliten dafür verantwortlich waren, ob andere Völker oder ob interne Konflikte eine Rolle spielten, ist nicht immer eindeutig. Wahrscheinlich ist, dass es ein komplexes Wechselspiel gab, bei dem verschiedene Gruppierungen beteiligt waren.

2.10 Kulturelle Kontinuität

Auch nach der Entstehung der israelitischen Gruppen bleibt festzuhalten, dass es in der materiellen Kultur starke Überschneidungen gab. Dieselben Töpferwaren, ähnliche Hausbauweisen und Alltagsgegenstände sprechen dafür, dass die Israeliten viele Aspekte der kanaanitischen Kultur übernahmen. Religiös allerdings setzte sich in den israelitischen Gemeinschaften allmählich ein monotheistischer Glaube durch, der sich vom polytheistischen Kanaanitentum abhob.

2.11 Warum die Kanaaniter so wichtig sind

Ohne das Verständnis der kanaanitischen Welt kann man die frühen Israeliten nicht begreifen. Viele Aspekte ihrer Kultur – Sprache, Schrift, wirtschaftliche Strukturen – wurden direkt aus der kanaanitischen Tradition übernommen oder entwickelten sich aus ihr. Die Kanaaniter waren quasi die „alten Hasen" im Land, bevor neue politische Konstellationen sie an den Rand drängten oder absorbierten.

Wenn wir also verstehen, wie die Kanaaniter lebten, können wir einschätzen, vor welchem Hintergrund später das Königreich Israel entstand. Die Kanaaniter gehören daher fest zur Geschichte des Landes, sie sind nicht nur ein Nebenprodukt biblischer Erzählung, sondern eigenständige Akteure einer reichen Bronzezeit-Kultur.

Kapitel 3: Die Zeit der Patriarchen und ihre Bedeutung

Einleitung

Die Zeit der Patriarchen, wie sie in den biblischen Erzählungen geschildert wird, ist eine entscheidende Phase für das spätere Selbstverständnis des Volkes Israel. Mit „Patriarchen" sind vor allem Abraham, Isaak und Jakob gemeint, manchmal auch dessen zwölf Söhne – allen voran Josef – die die Grundlage der „Zwölf Stämme Israels" bilden. In diesen Erzählungen geht es um Wanderung, Bund und Verheißung. Obwohl wir nicht exakt rekonstruieren können, wann oder wie diese Gestalten historisch gelebt haben, zeigen sich in den biblischen Texten Hinweise auf die Lebensumstände nomadischer oder halbnomadischer Gruppen. Außerdem spiegelt sich hier das Selbstbild einer Gemeinschaft wider, die ihren Ursprung auf einen Bund mit Gott zurückführt.

In diesem Kapitel gehen wir vorsichtig vor: Wir beleuchten die Erzählungen, werfen einen Blick auf mögliche historische Hintergründe und erklären, wieso diese Geschichten für das Verständnis von Israels späterer Geschichte so wichtig sind. Wir versuchen, möglichst viele Facetten abzudecken, ohne uns in Widersprüchen zu verlieren. Dabei bleiben wir bei der älteren Epoche und gehen nicht auf moderne Diskussionen ein.

3.1 Abraham: Aufbruch und Verheißung

Die Erzählung von Abraham beginnt mit einem Ruf: Er soll seine Heimat in Mesopotamien verlassen und in ein Land ziehen, das ihm und seinen Nachkommen von Gott versprochen wird. Im biblischen Text heißt es, er sei aus Ur in Chaldäa gekommen und habe sich schließlich in Haran aufgehalten, bevor er sich auf den Weg nach Kanaan machte.

3.1.1 Historischer Hintergrund einer Wanderung

Zwar lässt sich historisch kein Beleg für eine einzelne Person namens Abraham erbringen, aber im 2. Jahrtausend v. Chr. war das Gebiet um Mesopotamien und die Levante tatsächlich von zahlreichen Wanderungsbewegungen geprägt. Verschiedene Nomadengruppen durchzogen die Regionen auf der Suche nach

Weidegründen und Handelsmöglichkeiten. Es ist also durchaus plausibel, dass sich Geschichten von Wandererfahrungen in einer charismatischen Gestalt gebündelt haben.

3.1.2 Bedeutung des Bundes

Von zentraler Bedeutung ist die Vorstellung, dass Gott einen Bund mit Abraham schließt: Er werde ihm Nachkommen schenken und ihm das Land Kanaan zuweisen. Dieser Bund ist später ein Fundament für das Selbstverständnis Israels, denn er begründet den Anspruch auf das Land und hebt hervor, dass diese Gruppe einen besonderen Status vor Gott habe.

3.1.3 Konflikte und Prüfungen

Die Geschichte erwähnt auch Konflikte mit lokalen Herrschern, Reisen nach Ägypten wegen Hungersnot und schließlich die berühmte Prüfung, als Abraham auf Gottes Befehl hin beinahe seinen Sohn Isaak opfert. Diese Erzählung betont Abrahams Glauben und Gehorsam und setzt ein Zeichen gegen Menschenopfer, das in jener Zeit bei manchen benachbarten Kulten vorkam.

3.2 Isaak und die Weiterführung der Verheißung

Isaak wird in der Bibel als der verheißene Sohn Abrahams beschrieben. Seine Geburt im hohen Alter Abrahams wird als Wunder dargestellt, das den göttlichen Segen unterstreicht. Historisch gesehen könnte Isaak, wenn er eine reale Gestalt verkörpert, eine Generation von Nomadenhäuptlingen oder Clanführern repräsentieren, die innerhalb Kanaans lebten und sich teils an dessen Kultur anpassten.

3.2.1 Konflikte mit den Philistern?

Einige Erzählungen berichten, dass Isaak mit Philistern zu tun hatte. Hier tauchen schon erste Spannungen auf, die in späteren Zeiten noch bedeutsam werden sollten. Möglicherweise spiegeln sich in diesen Erzählungen frühe Konflikte um Wasserrechte, Weidegründe oder territoriale Fragen.

3.2.2 Fortsetzung des Segens

Zentral ist bei Isaak die Weitergabe des göttlichen Segens an die Nachkommen. Damit wird klargestellt, dass die Verheißung nicht bei Abraham endet, sondern in einer Kette von Generationen weiterlebt. Im biblischen Text richtet sich der Segen an Isaak und wird anschließend an Jakobs Linie vererbt.

3.3 Jakob: Identität und Wandel

Jakob, der Sohn Isaaks, ist eine vielschichtige Persönlichkeit. In den Texten erscheint er zunächst als listiger Charakter, der sich den Erstgeburtssegen seines Bruders Esau erschleicht. Später erfährt er eine innere Wandlung. Sein Name wird nach einem nächtlichen Kampf in „Israel" umbenannt, was so viel wie „Gottesstreiter" oder „Gotteskämpfer" bedeuten kann. Dieser Namenswechsel symbolisiert einen neuen Abschnitt in seinem Leben und liefert eine Erzählung, wie es zum Namen „Israel" kommt.

3.3.1 Die Flucht vor Esau

Die Geschichte erzählt, Jakob sei wegen des Betrugs an seinem Bruder ins Exil geflohen. Er habe in der Fremde gedient, sich dann aber ein großes Viehvermögen erarbeitet. Diese Erzählungen zeigen, wie Nomadenclans sich teils durch Heirat und Paktbildung in neue Gebiete integrieren konnten.

3.3.2 Rückkehr ins Land

Nach vielen Jahren kehrt Jakob zurück und muss sich seinem Bruder Esau stellen. Die Versöhnung wird im biblischen Text als eindrückliche Szene beschrieben. Hier zeigt sich wieder die Dynamik nomadischer Wanderungen: Familienbande spielten eine wichtige Rolle, um Streitigkeiten zu beenden und Zusammenhalt zu sichern.

3.3.3 Symbolik des Namens „Israel"

Die Umbenennung Jakobs in Israel ist in der Bibel ein zentrales Ereignis. Es signalisiert eine neue Berufung, nicht nur für Jakob selbst, sondern für die Gemeinschaft, die sich von ihm ableitet. Damit findet die Erzählung eine

Ursprungserklärung: Der Name „Israel" soll auf diesen Ahnvater zurückgehen, der eine besondere Beziehung zu Gott hatte.

3.4 Die zwölf Söhne Jakobs und die Stämme Israels

Jakob hatte laut Tradition zwölf Söhne: Ruben, Simeon, Levi, Juda, Dan, Naftali, Gad, Ascher, Issachar, Sebulon, Josef und Benjamin. Diese Zwölfzahl wird später als Grundgerüst für die „Zwölf Stämme Israels" genannt. In der Realität war die Stammesstruktur höchstwahrscheinlich viel komplexer, doch diese Erzählung versucht, eine überschaubare Ordnung zu schaffen.

3.4.1 Josef und seine Sonderrolle

Besonders prominent ist Josef, der von den Brüdern nach Ägypten verkauft wird und dort zum mächtigen Verwalter aufsteigt. Diese Geschichte leitet bereits zum nächsten Kapitel über, in dem es um das Volk Israel in Ägypten geht. Für jetzt ist wichtig, dass die biblische Erzählung damit erklärt, wie Teile der israelitischen Sippe nach Ägypten kamen.

3.4.2 Ätiologische Erklärungen von Stammesnamen

Oft dienen die biblischen Geschichten dazu, Namen und Ursprünge zu erklären: Ein Ort könnte beispielsweise „Dan" heißen, weil der Stamm Dan dort siedelte, oder ein Heiligtum könnte von einem bestimmten Bruder abstammen. Historiker gehen davon aus, dass manche Stämme aus eigenständigen Gruppen entstanden sind, die sich später zu einer „israelitischen" Identität zusammenschlossen.

3.5 Historische und archäologische Einordnung der Patriarchenzeit

Es ist schwierig, den Erzählungen einen festen historischen Zeitraum zuzuordnen. Manche Forscher vermuten, dass diese Erzählungen lose auf Ereignisse im 2. Jahrtausend v. Chr. zurückgehen. Andere verorten sie eher in die frühe Eisenzeit, wenn Nomadengruppen im Bergland sich niederließen. Wir sollten jedoch bedenken, dass die Bibel Texte über viele Jahrhunderte hinweg überliefert und redaktionell bearbeitet hat.

3.5.1 Archäologische Indizien

Konkrete archäologische Funde, die direkt auf Abraham, Isaak oder Jakob verweisen, fehlen. Wir finden allerdings Hinweise auf nomadische oder halbnomadische Gruppen in der Region, die zeitweise in Ägypten verweilten oder mit ägyptischen Herrschern in Kontakt standen. Dies könnte ein Puzzleteil sein, das die spätere josephitische Erzählung beeinflusste.

3.5.2 Soziale Realität: Sippen und Stammesverbände

Die Lebensweise, wie sie in den Patriarchenerzählungen geschildert wird, passt zur Vorstellung von Sippen und Stammesverbänden, die mit Vieh von Ort zu Ort zogen, aber an bestimmten Stellen auch sesshaft wurden. Sie schlossen Verträge mit lokalen Machthabern oder trugen Konflikte um Weideplätze aus. Damit spiegeln die Erzählungen eine historische Sozialsituation, ohne dass einzelne Episoden wortwörtlich belegt wären.

3.6 Theologische Aspekte und ihr Einfluss auf die Identität

Ein wichtiger Aspekt der Patriarchengeschichten ist die theologische Dimension. Sie stellen dar, dass Gott diese Familie erwählt hat und ihre Geschichte lenkt. Aus dieser Sicht entsteht das Selbstbewusstsein eines Volkes, das seine Wurzeln in göttlicher Verheißung sieht.

3.6.1 Glaube an einen persönlichen Gott

Die Geschichten zeigen einen Gott, der mit Einzelpersonen interagiert – sei es durch Versprechen, Anweisungen oder Visionen. Das unterscheidet sich von den polytheistischen Religionen der Kanaaniter, für die es viele Götter und Kulte gab.

3.6.2 Bund und Zeichen

Der Bund, den Gott mit Abraham und seinen Nachkommen schließt, bekommt ein äußeres Zeichen: die Beschneidung. Dadurch wird die Zugehörigkeit zu diesem Bundessystem sichtbar. Später wird dieses Zeichen typisch für die israelitische Gemeinschaft.

3.7 Übergang zum Aufenthalt in Ägypten

Gegen Ende der Patriarchengeschichten schildert die Bibel, wie Josef nach Ägypten gelangt und später seine Familie dorthin holt. Das ist der Übergang zu einer neuen Phase: Israel wird, laut Überlieferung, in Ägypten zu einem eigenständigen Volk, das aus der Knechtschaft befreit werden muss.

3.7.1 Bedeutung des Joseph-Stoffes

Josefs Aufstieg in Ägypten deutet auf eine Situation hin, in der Nomadenclans mit dem Pharaonenhof in Kontakt standen. Es gab tatsächlich Zeiten, in denen fremde Gruppen Teile der Verwaltung in Ägypten übernahmen (z. B. die Hyksos im 17./16. Jahrhundert v. Chr.). Die Bibel könnte diese historischen Realitäten ausgeschmückt haben, um die Joseph-Geschichte zu formen.

3.7.2 Brücke zum Exodus

Der Aufenthalt in Ägypten führt direkt zum Exodus-Motiv, der Befreiung aus der Knechtschaft. Damit beginnt eine neue Stufe der Identitätsbildung: Aus einer Familie oder einem Clan soll ein Volk werden, geeint durch das Erlebnis der Erlösung aus Fremdherrschaft.

Kapitel 4: Der Exodus und das Volk Israel in Ägypten

Einleitung

Der Exodus – also der Auszug der Israeliten aus Ägypten – zählt zu den prägendsten Ereignissen der biblischen Überlieferung. Laut Texten wurden die Nachkommen Jakobs (der nun „Israel" heißt) in Ägypten versklavt und gerieten unter die Herrschaft eines Pharaos, der sie unterdrückte. Durch das Wirken Gottes und die Führung Moses kam es jedoch zur Befreiung, zur Flucht durch das Schilfmeer (oft als „Rotes Meer" bezeichnet) und schließlich zur Wanderung in die Wüste. Dieses Erlebnis gilt als Geburtsstunde des Volkes Israel: Aus einer Gruppe verwandter Sippen formte sich eine Gemeinschaft mit einem gemeinsamen Schicksal und göttlichem Gesetz.

In diesem Kapitel untersuchen wir die biblische Exodus-Erzählung in ihren Grundzügen. Wir betrachten mögliche historische Hintergründe und gehen auf die Bedeutung dieses Ereignisses für das später entstehende Israel ein. Auch hier geht es darum, keine modernen Ereignisse zu berühren, sondern die alte Geschichte im Kontext ihres Entstehens zu verstehen.

4.1 Israel in Ägypten: Wie kam es zur Knechtschaft?

Nach der Joseph-Geschichte siedelten sich Jakobs Söhne und ihre Familien in Ägypten an, vermutlich im Nildelta, das im Text „Goschen" genannt wird. Anfangs lebten sie dort in Frieden, doch ein späterer Pharao, der Josef nicht kannte, begann die Israeliten zu fürchten und sie zu unterdrücken.

4.1.1 Möglicher historischer Rahmen

Die Bibel nennt keinen genauen Pharao-Namen, weshalb Historiker lange rätselten, ob es Bezüge zu Ramses II. (13. Jahrhundert v. Chr.) oder anderen Königen gibt. Manche ziehen Parallelen zu den Hyksos, einer semitischen Gruppe, die zeitweise in Ägypten herrschte und später vertrieben wurde. Wieder andere sehen im Exodus lediglich eine literarische Erklärung für die Entstehung Israels. Sicher ist, dass es im Laufe der Jahrhunderte mehrmals zu Einwanderungen und Ausweisungen von semitischen Gruppen kam.

4.1.2 Die Unterdrückung

Im biblischen Bericht werden Zwangsarbeit und eine Politik der Unterdrückung beschrieben, einschließlich des Befehls, neugeborene Knaben zu töten. Ob dies historisch so stattgefunden hat, ist unklar. Dennoch gibt es in ägyptischen Quellen Hinweise darauf, dass fremde Völker oft zu harter Arbeit herangezogen wurden, etwa im Städtebau.

4.2 Moses: Der Auserwählte zur Befreiung

Moses gilt als zentrale Gestalt des Exodus. Er wird im Text als Hebräer geboren, aber von einer ägyptischen Prinzessin adoptiert und am Königshof großgezogen. Später entdeckt er seine wahre Herkunft und flieht nach einem Zwischenfall aus Ägypten. In der Wüste offenbart sich Gott in einem brennenden Dornbusch und beauftragt ihn, sein Volk zu befreien.

4.2.1 Moses' Herkunft und Name

Der Name „Mose" weist möglicherweise auf ägyptische Wurzeln hin (etwa in Namen wie Ramses = Ra-mose). Dies könnte darauf hindeuten, dass der Mose-Charakter in einer Umgebung mit ägyptischem Kultureinfluss angesiedelt ist.

4.2.2 Die Berufung am Dornbusch

Die Erzählung vom brennenden Dornbusch ist theologisch bedeutsam. Gott stellt sich Moses als „Ich bin, der ich bin" (oder „Ich werde sein, der ich sein werde") vor, was auf einen persönlichen, doch geheimnisvollen Gott hinweist. Moses soll Pharao die Befreiung der Israeliten abringen.

4.2.3 Rückkehr zum Pharao

Moses und sein Bruder Aaron treten mehrfach vor den Pharao, um die Freilassung zu erwirken. Dieser weigert sich, sodass Gott eine Reihe von Plagen über Ägypten bringt. In der biblischen Geschichte werden diese Plagen als Wunder dargestellt, die schließlich den Starrsinn des Pharaos brechen.

4.3 Die Zehn Plagen und das Paschafest

Die Zehn Plagen, von Blut im Nil über Heuschrecken bis zur Finsternis, zeigen Gott als mächtigen Befreier, der die ägyptischen Götter in den Schatten stellt. Jede Plage kann als Angriff auf bestimmte Elemente der ägyptischen Religion gedeutet werden.

4.3.1 Höhepunkt: Tötung der Erstgeburt

Die letzte Plage, die Tötung aller erstgeborenen Söhne in Ägypten, bildet den Höhepunkt. Die Israeliten werden angewiesen, das Blut eines Lammes an ihre Türpfosten zu streichen, damit der Todesengel an ihnen vorübergeht („Passah" = „Vorübergehen"). Dieses Ereignis führt direkt zur Freilassung durch den Pharao.

4.3.2 Das Paschafest als Erinnerung

Bis in spätere Zeiten hinein wird das Paschafest (auch Pessach genannt) als Gedenken an den Auszug aus Ägypten gefeiert. Es ist eine Feier der Befreiung und des göttlichen Eingreifens. Damit hat sich eine der zentralen Traditionen des Judentums herausgebildet, die die Identität Israels prägen sollte.

4.4 Der Auszug und das Wunder am Schilfmeer

Nachdem der Pharao die Israeliten ziehen lässt, bedauert er seine Entscheidung und verfolgt sie mit seiner Armee. An einem Gewässer, das in der Bibel meist als „Rotes Meer" übersetzt wird, teilt Moses auf Gottes Befehl hin die Fluten, sodass die Israeliten trockenen Fußes hindurchgehen können. Als die ägyptischen Streitwagen folgen, fluten die Wasser zurück und vernichten das Heer.

4.4.1 Übersetzung „Rotes Meer" versus „Schilfmeer"

In manchen Ausgaben wird das hebräische „Jam Suf" eher als „Schilfmeer" verstanden, was auf ein Sumpfgebiet hinweisen könnte. Historisch kann es verschiedene Orte gegeben haben, an denen eine Flucht durch untiefe Gewässer möglich war.

4.4.2 Symbolkraft des Wunders

Für den biblischen Text ist es nicht nur ein Naturereignis, sondern ein Wunder, das Gottes Macht bestätigt. Der Exodus wird damit endgültig besiegelt, und Israel ist frei von ägyptischer Herrschaft. Später wird dieses Motiv oft in Liedern und Psalmen aufgegriffen, um Gottes Rettung in Erinnerung zu halten.

4.5 In der Wüste: Formung eines Volkes

Nach dem Durchzug beginnt eine lange Wüstenwanderung. Hier wird, so die Bibel, aus einer geflohenen Gruppe ein Volk mit eigener Identität. In dieser Phase empfängt Moses die Zehn Gebote und die übrigen Teile des Gesetzes (Tora) am Berg Sinai.

4.5.1 Der Bund am Sinai

Der Bund, den Gott mit dem Volk Israel schließt, geht über den Bund Abrahams hinaus. Hier werden konkrete Regeln aufgestellt, die das Zusammenleben ordnen und die Beziehung zu Gott definieren. Die Zehn Gebote bilden einen moralischen Kern, der für Generationen prägend wird.

4.5.2 Murren und Versorgung

Die Wüstenzeit ist gleichzeitig von Schwierigkeiten geprägt. Das Volk murrt wegen Wassermangel und fehlender Nahrung. Gott versorgt es laut Text mit Manna und Wachteln. Diese Erzählungen zeigen, dass die Gruppe noch lernen muss, Gott zu vertrauen.

4.5.3 Das goldene Kalb

Ein weiterer Konflikt ist der Götzendienst. Während Moses auf dem Berg Sinai ist, fertigen einige Israeliten ein goldenes Kalb an und beten es an. Das führt zu heftigen Reaktionen und soll deutlich machen, wie schnell das Volk zu alten Praktiken zurückfallen kann. Moses ergreift strenge Maßnahmen, um den Bund mit Gott wiederherzustellen.

4.6 Dauer und Stationen der Wüstenwanderung

Die Bibel spricht von 40 Jahren Wüstenwanderung. Dieser Zeitraum wird von vielen Forschern nicht wörtlich genommen, sondern als symbolische Zahl interpretiert. Tatsächlich könnten mehrere Generationen teilweise nomadisch gelebt haben, bevor sie sich in Kanaan niederließen.

4.6.1 Mögliche Orte und Routen

Es gibt verschiedene Theorien, welche Route die Israeliten genommen haben könnten. Manche glauben, sie seien über den Sinai gezogen, andere vermuten einen Weg weiter nördlich. Eindeutige Beweise fehlen. Fest steht, dass die Wüstenregion zwischen Ägypten und Kanaan zu dieser Zeit von unterschiedlichen Nomadengruppen durchstreift wurde, sodass eine reale historische Basis denkbar ist.

4.6.2 Bedeutung der Wüstenzeit für die Identität

Die Wüste wird zur „Schule des Vertrauens". Man ist auf göttliche Führung angewiesen. Aus Sicht der Bibel reinigt dieser Prozess das Volk von alter Mentalität und bereitet es auf das verheißene Land vor. Später blickt Israel immer wieder auf die Wüstenzeit zurück, um sich an Gottes Schutz und die eigene Schwäche zu erinnern.

4.7 Der Tod des Moses und Übergang zu Josua

Moses, der große Führer, erlebt laut Bibel selbst nicht die Landnahme. Er stirbt auf dem Berg Nebo und sieht das Land nur von ferne. Sein Nachfolger Josua soll die Israeliten über den Jordan führen und Kanaan erobern.

4.7.1 Warum Moses nicht ins Land durfte

Die Bibel nennt als Grund, dass Moses und sein Bruder Aaron in einem Moment des Zweifels nicht Gott die Ehre gaben. Das soll zeigen, dass auch große Leiter Fehler machen und Konsequenzen tragen müssen.

4.7.2 Die Übergabe der Führung an Josua

Josua wird eingesetzt, um das Volk in die nächste Phase zu führen. Dieser Übergang ist wichtig, denn es zeigt einen Generationenwechsel. Moses repräsentiert die Befreiungs- und Wüstenzeit, Josua steht für die Ankunft im Land und den Anfang einer neuen Ära.

4.8 Historische Frage: Hat der Exodus wirklich so stattgefunden?

Die Exodus-Geschichte ist hoch bedeutsam für das jüdische Selbstverständnis. Historiker und Archäologen diskutieren jedoch, ob es ein großes Volk von Sklaven gab, das Massenflucht betrieben hat. Viele nehmen an, dass es höchstens kleinere Gruppen von Nomaden oder Flüchtlingen gab, die eine Erinnerung an Ägypten mitbrachten, die dann in den biblischen Überlieferungen zu einem großen Ereignis verdichtet wurde.

4.8.1 Archäologische Hinweise

Bislang wurden keine eindeutigen Spuren einer großen Wanderung in der Sinai-Wüste gefunden, obwohl man intensiv gesucht hat. Womöglich hinterließ eine nomadische Gruppe aber auch kaum Spuren. Alternativ könnte der Auszug in kleineren Wellen erfolgt sein, sodass sich die Geschichte später zu einem einheitlichen Narrativ entwickelte.

4.8.2 Literarische und theologische Deutung

Selbst wenn man keinen exakten historischen Kern lokalisieren kann, bleibt die Bedeutung der Erzählung. Sie wurde zum grundlegenden Mythos für Israel: Gott ist der Befreier, der ein versklavtes Volk in die Freiheit führt. Dieser Glaube prägt auch spätere Generationen und hat starke Symbolkraft.

4.9 Auswirkungen auf das frühe Israel

Nach dem Exodus beginnt die Besiedlung oder Eroberung Kanaans, die in den folgenden Kapiteln behandelt wird. Doch schon hier legt der Exodus den Grundstein für das Selbstbild: Man ist ein Volk, das Gott erwählt und befreit hat.

Darauf baut man eine eigene Gesetzgebung, ein eigenes Kultverständnis und eine Abgrenzung zu den kanaanitischen Religionen auf.

4.9.1 Gesetz und Moral

Die Erfahrung, von Gott gerettet worden zu sein, untermauert das Gesetz, das Israel am Sinai erhielt. Es soll eine gerechtere Gesellschaft formen als jene Unterdrückung, die man in Ägypten erfuhr.

4.9.2 Heiligtum und Priesterschaft

Während der Wüstenwanderung, so der Text, errichtet das Volk ein transportables Heiligtum („Stiftszelt"). Dort wohnt die Gegenwart Gottes. Später wird diese Tradition ins Festland übertragen. Die Priesterschaft, vor allem aus dem Stamm Levi, spielt eine Schlüsselrolle bei den Opfern und Ritualen.

Kapitel 5: Die Landnahme Kanaans und die Richterzeit

Einleitung
Nach dem Exodus und der Wüstenwanderung beginnt eine neue Phase in der Geschichte Israels: die „Landnahme Kanaans". Im biblischen Buch Josua wird geschildert, wie das Volk, angeführt von Josua, das Land erobert und sich dort niederlässt. Im Anschluss daran folgt eine längere Epoche, die man als „Richterzeit" bezeichnet. In dieser Zeit existierte noch keine zentrale Königsgewalt, sondern charismatische Führer – die Richter – traten in Krisensituationen auf und leiteten das Volk an.

In diesem Kapitel beleuchten wir den biblischen Bericht und die archäologischen Befunde zu dieser Epoche. Wir schauen uns Theorien an, wie die Landnahme tatsächlich verlaufen sein könnte, und beschäftigen uns mit den wichtigsten Gestalten aus dem Buch der Richter: Deborah, Gideon, Jeftah, Simson und andere. Dabei wollen wir vorsichtig bleiben, da die genauen historischen Abläufe bis heute kontrovers diskutiert werden.

5.1 Der Übergang vom Exodus zur Landnahme

Nachdem Mose das Volk durch die Wüste geführt hat, überträgt er die Führung an Josua. In den biblischen Texten ist Josua derjenige, der das Volk über den Jordan bringt. Dort sollen sich die Verheißungen an die Patriarchen erfüllen: Das Land Kanaan wird zum Lebensraum für Israel.

5.1.1 Josuas Auftrag und die Rolle des Bundes

Bereits in der Wüste hatte Israel mit Gott einen Bund geschlossen, in dem es sich zu dessen Gesetzen und Geboten bekannte. Josuas Aufgabe ist es nun, nicht nur militärische Aktionen zu koordinieren, sondern auch die Treue zu diesem Bund zu bewahren. Eine wichtige Geste ist das Aufstellen von zwölf Gedenksteinen im Jordan-Gebiet, das daran erinnern soll, wie Gott das Volk trockenen Fußes über den Fluss führte.

5.1.2 Theologische Bedeutung

Die Eroberung Kanaans wird im Buch Josua stark als Werk Gottes dargestellt. Immer wieder heißt es, Gott habe die Feinde Israels geschwächt oder in Furcht versetzt. Der Erfolg wird nicht allein militärischen Fähigkeiten zugeschrieben, sondern göttlicher Unterstützung.

5.2 Das Buch Josua und die Erzählung der Eroberung

Das biblische Buch Josua gibt eine relativ rasche Eroberung wieder. Es listet verschiedene Städte auf, die fallen, und unterstreicht, wie sich die Israeliten im Land ausbreiten. Bekannte Beispiele sind Jericho und Ai, Städte, die in den Texten eine besondere Rolle spielen.

5.2.1 Jericho: Die Mauern fallen

Eine der bekanntesten Geschichten ist die Einnahme Jerichos. Josua befiehlt dem Volk, sieben Tage um die Stadtmauern zu ziehen und dabei die Priester Posaunen blasen zu lassen. Am siebten Tag fallen die Mauern ein. Das wird als Wunder geschildert, das Gottes Macht bezeugt.

Archäologisch ist Jericho (Tell es-Sultan) eine der ältesten Siedlungen der Welt. Ob allerdings zur mutmaßlichen Zeit Josuas (spätes 13. Jahrhundert v. Chr. oder etwas früher) Mauern existierten, die durch solch ein Wunder fielen, ist strittig. Manche Ausgräber fanden Hinweise auf zerstörte Mauern in älteren Epochen. Andere datieren die Zerstörungen anders. Hier zeigt sich die Schwierigkeit, biblische Berichte exakt mit Ausgrabungsbefunden in Einklang zu bringen.

5.2.2 Ai und andere Städte

Ähnlich wie Jericho wird auch die Eroberung von Ai dargestellt. Weitere Listen nennen zahllose Orte im Land, die angeblich rasch erobert wurden. Historiker weisen jedoch darauf hin, dass manche dieser Städte wohl schon lange vor der Ankunft der Israeliten aufgegeben worden waren oder von anderen Gruppen zerstört wurden.

So entsteht eine offene Frage: War die „Eroberung" eine schnelle, kriegerische Kampagne unter der Führung Josuas? Oder vollzog sich die Besiedlung Kanaans eher schrittweise, mit friedlicher Einwanderung und gelegentlichen Konflikten?

5.3 Historische Theorien zur Landnahme

Die Forschung hat mehrere Modelle entwickelt, um zu erklären, wie aus den einst nomadischen oder halbnomadischen Gruppen tatsächlich das sesshafte Israel in Kanaan wurde.

1. **Eroberungsmodell**: Diese Theorie nimmt den biblischen Bericht weitgehend beim Wort. Israel drang demnach von außen in Kanaan ein, besiegte die Stadtstaaten und besiedelte das Land.
2. **Infiltrationsmodell**: Nach dieser Vorstellung wanderten verschiedene Stämme schrittweise ins Hügelland Kanaans ein, ohne einen großen Krieg. Erst nach und nach kam es zu Konflikten mit den alteingesessenen Bewohnern.
3. **Revolutions- oder Aufstandsmodell**: Diese Deutung sieht in den frühen Israeliten hauptsächlich einheimische Landbevölkerung, die sich gegen die kanaanitischen Eliten auflehnte. Der Exodus könnte dabei eine Tradition einer kleineren Gruppe sein, die sich später mit diesen Aufständischen zusammenschloss.

Keine dieser Theorien kann alle archäologischen und biblischen Befunde lückenlos erklären. Wahrscheinlich enthält jede eine Portion Wahrheit: Es gab sicherlich Konflikte, vielleicht einige rasche Eroberungen und gleichzeitig friedliche Ansiedlungen. Manche Städte mögen schon vorher zerfallen sein, andere wurden tatsächlich im Kampf eingenommen.

5.4 Die Verteilung des Landes auf die Stämme

Das Buch Josua schildert dann eine Aufteilung des Landes auf die „zwölf Stämme Israels". In der Realität dürfte dieser Prozess komplexer verlaufen sein. Jeder Stamm war wohl eine lose Koalition von Sippen, die bestimmte Regionen beanspruchten.

5.4.1 Regionen und Stammesgebiete

Laut Text bewohnten zum Beispiel Juda, Simeon und Benjamin überwiegend das Südland oder das Hügelland im Zentrum. Die Stämme Efraim und Manasse legten ihren Schwerpunkt auf das Gebiet nördlich des Zentrums, während die meisten Nordstämme (wie Issachar, Sebulon, Naftali) im hügeligen Norden oder am See Genezareth siedelten. Im Osten des Jordan fanden sich Stämme wie Ruben, Gad und der halbe Stamm Manasse.

5.4.2 Der Stamm Levi und seine Sonderrolle

Besondere Aufmerksamkeit wird dem Stamm Levi geschenkt, dem laut biblischer Erzählung kein geschlossenes Gebiet zugeteilt wurde. Die Leviten galten als Priesterstamm und sollten in verschiedenen Städten wohnen, um die religiösen Dienste auszuüben.

5.5 Übergang in die Richterzeit

Mit dem Tod Josuas schließt das gleichnamige biblische Buch. Danach setzt das Buch der Richter ein, das eine ganz andere Erzählwelt eröffnet. Es heißt dort, das Volk habe Gott nicht mehr konsequent gedient und sei immer wieder in Bedrängnis durch umliegende Feinde geraten.

5.5.1 Keine zentrale Autorität

In der Richterzeit gab es keinen König und keine zentrale Regierung. Jeder Stamm oder jede Region handelte ziemlich eigenständig. In Krisenfällen traten charismatische Persönlichkeiten auf, die das Volk vorübergehend anführten. Der Begriff „Richter" ist im Deutschen etwas irreführend, da diese Personen nicht nur Recht sprachen, sondern vor allem militärische und politische Macht ausübten.

5.5.2 Typisches Erzählmuster

Im Buch der Richter taucht immer wieder ein Kreislauf auf:

- Israel tut, was Gott missfällt, oft verbunden mit Götzendienst.
- Ein Feind unterdrückt das Land.
- Das Volk schreit zu Gott um Hilfe.

- Gott beruft einen Richter, der die Gegner besiegt.
- Der Richter führt das Volk eine Zeit lang.
- Nach dessen Tod verfällt Israel wieder in Götzendienst.

Dieses Muster zeigt, wie unsicher die Zeit war, aber auch, wie wichtig die Einhaltung des Bundesglaubens aus Sicht des biblischen Autors war.

5.6 Wichtige Richterfiguren

Das Buch der Richter nennt mehrere charismatische Führer. Einige von ihnen sind recht bekannt, weil sie spektakuläre Taten vollbrachten oder wegen ihrer ungewöhnlichen Lebensgeschichten.

5.6.1 Deborah

Deborah ist eine Prophetin und Richterin, die gemeinsam mit dem Heerführer Barak gegen den kanaanitischen König Jabin und seinen Feldhauptmann Sisera kämpft. Deborah ist bemerkenswert, weil sie als Frau in einer patriarchalen Umgebung eine Führungsrolle übernimmt. Ihr Sieg wird später in einem Lied, dem Deboralied, gefeiert. Dieses Lied gilt als eines der ältesten poetischen Stücke in der Bibel.

5.6.2 Gideon

Gideon stammt aus dem Stamm Manasse und wird von Gott berufen, Israel von den Midianitern zu befreien. Dabei wählt er nur eine kleine Schar von 300 Männern aus, um zu zeigen, dass der Sieg göttlicher Gnade und nicht menschlicher Macht zu verdanken sei. Später lehnen sich einige Männer Israels auf und wollen Gideon zum König machen, was er ablehnt. Dennoch endete sein Haus in Streit.

5.6.3 Jeftah

Jeftah ist bekannt für sein gelübtes Opfer. Er gelobt, bei Rückkehr aus dem Sieg über die Ammoniter die erste Person, die ihm entgegenkommt, Gott zu opfern. Tragischerweise ist es seine eigene Tochter. Diese Geschichte führt uns vor Augen, wie dramatisch und roh manche Erzählungen aus dieser Epoche sind und dass religiös motivierte Gelübde in einer Zeit ohne klare Auslegungen zu schrecklichen Folgen führen konnten.

5.6.4 Simson (Samson)

Simson ist eine der schillerndsten Figuren im Buch der Richter. Sein Leben ist geprägt von übermenschlicher Kraft, die an seine „Nasiräer"-Weihe gebunden ist. Solange sein Haar nicht geschnitten wird, besitzt er unglaubliche Stärke. Er kämpft vor allem gegen die Philister und sorgt für Unruhe in ihren Gebieten. Am Ende verrät ihn seine Geliebte Delila, die sein Haar abschneidet, woraufhin er seine Kraft verliert. Kurz vor seinem Tod erhält er sie ein letztes Mal zurück und reißt einen Philistertempel mit sich in den Tod.

5.7 Gesellschaftliche und religiöse Verhältnisse in der Richterzeit

Die Richterzeit war vermutlich von großer Zersplitterung geprägt. Stammesgebiete agierten für sich, es gab keine einheitliche Verwaltung. Auch religiös sind Spuren von Synkretismus erkennbar, also Mischformen zwischen dem Gottesglauben Israels und den Kanaaniterkulten.

5.7.1 Alltagsleben und Wirtschaft

Die meisten Menschen lebten im Bergland oder in ländlichen Gegenden als Bauern und Viehhirten. Städte waren nicht besonders groß und oft nur rudimentär befestigt. Handelsbeziehungen gab es, aber sie beschränkten sich meist auf Nachbarregionen.

5.7.2 Die Gefahr durch feindliche Gruppen

Verschiedene Nachbarvölker – Midianiter, Ammoniter, Moabiter und besonders die Philister – bedrängten Israel immer wieder. Die Philister verfügten anscheinend über bessere Waffen, möglicherweise aus Eisen, und entwickelten rasch eine stärkere Militärmacht. Sie siedelten in den fruchtbaren Ebenen und Küstenregionen. Israel saß dagegen oft in den Bergen, was manche militärische Vorteile bot, aber wirtschaftliche Nachteile bedeutete.

5.7.3 Religiöse Zentren

Die Israeliten verfügten noch nicht über ein zentrales Heiligtum wie später den Jerusalemer Tempel. Orte wie Silo oder Bethel galten als wichtige Kultplätze. Die Lade des Bundes, die man aus der Wüstenzeit mitbrachte, wurde in Silo aufbewahrt (laut biblischer Überlieferung), was diesen Ort zu einem geistigen Mittelpunkt machte.

5.8 Die Krise, die zum Königtum führt

Gegen Ende der Richterzeit wird deutlich, dass die Bedrohungen durch die Philister immer gravierender werden. Die einzelnen Stämme sind nicht in der Lage, sich dauerhaft zu koordinieren. Die Frage nach einer einheitlichen Führung wird immer lauter.

Das Buch der Richter endet mit einigen bedrückenden Geschichten über innere Konflikte (z. B. der Kampf gegen den Stamm Benjamin), die das Chaos unterstreichen. Gleich zu Beginn des 1. Buches Samuel findet man schließlich das Volk in einer Lage, in der es sich nach einer stabilen Herrschaft sehnt.

5.8.1 Samuel als Übergangsfigur

Der Prophet Samuel, der am Heiligtum von Silo diente, wird im biblischen Bericht als letzter Richter und zugleich als Prophet vorgestellt. Unter seinem Einfluss reift die Entscheidung, einen König einzusetzen. Diese Entwicklung leitet zum nächsten großen Abschnitt über: die Gründung des Königreichs Israel.

5.9 Archäologische Befunde zur Richterzeit

Die archäologischen Funde aus dieser Epoche sind teils spärlich, vor allem in den Bergregionen. Doch wo Ausgrabungen stattfanden, ergaben sich Hinweise auf kleine Ortschaften und Gehöfte, die langsam wuchsen. Man spricht manchmal vom „Eisen-I-Zeitalter" (ca. 1200–1000 v. Chr.).

- **Keramik**: Die Töpferware ist oft schlicht, manchmal mit charakteristischen Streifenmustern.
- **Hausstruktur**: Archäologen fanden sogenannte „Viereinraumhäuser" oder „Pillared Houses", die typisch für Israel wurden.
- **Städte**: Größere Stadtkulturen der Kanaaniter gingen vielerorts zurück. Stattdessen verbreiteten sich ländliche Ansiedlungen im Hügelland.

Dieser Wandel könnte für einen allmählichen Prozess der Sesshaftwerdung sprechen. Er passt zu den verschiedenen Modellen (Infiltration oder Revolutionsmodell), wobei man sich nicht auf eine einzige Deutung festlegen kann.

Kapitel 6: Die Anfänge des Königreichs Israel

Einleitung

Die Zeit der Richter war geprägt von dezentralen Strukturen, wiederkehrenden Feindseligkeiten und inneren Spannungen. Doch die Bedrohung durch die Philister und andere Nachbarvölker wurde so massiv, dass immer mehr Stimmen in Israel nach einer starken, dauerhaften Führung riefen. An dieser Stelle beginnt die Geschichte des Königtums.

In diesem Kapitel beleuchten wir die Gestalt Samuels, der als Prophet und letzter Richter gilt. Er spielt eine zentrale Rolle beim Übergang zur Monarchie. Dann richten wir unseren Blick auf Saul, den ersten König Israels. Warum wollten die Stämme einen König? Wie regierte Saul? Und welche Probleme tauchten dabei auf? Wir bleiben bei den frühesten Zeiten der Monarchie und bereiten damit den Boden für das nächste Kapitel, in dem es um König David geht.

6.1 Samuel: Prophet, Priester und letzter Richter

Die Figur Samuel steht am Übergang zwischen der Richterzeit und dem Königtum. Die biblischen Bücher 1. und 2. Samuel beschreiben ihn als Kind der betenden Hanna, die lange kinderlos war. Er wuchs am Heiligtum in Silo auf und wurde dort dem Priester Eli anvertraut.

6.1.1 Samuels Berufung

Schon als Jugendlicher wird Samuel von Gott berufen. Er hört nachts eine Stimme, die ihn ruft, und erkennt erst allmählich, dass es Gottes Stimme ist. Ab diesem Moment gilt er als Prophet und Sprachrohr Gottes.

6.1.2 Die Philistergefahr und die Lade Gottes

In Samuels Jugendzeit geraten die Israeliten in eine schwere Krise mit den Philistern. Die Lade des Bundes wird sogar in einer Schlacht erobert, was ein ungeheurer Schock für Israel war. Später fällt sie den Philistern zum Verhängnis, woraufhin sie sie zurückgeben. Diese Ereignisse zeigen die Macht der Philister in dieser Epoche und die zugleich tiefe religiöse Kränkung, die Israel erlitt.

6.1.3 Samuels richterliche Funktion

Samuel wirkt nicht primär als Kriegsheld, sondern eher als geistliches und moralisches Oberhaupt. Er zieht von Ort zu Ort, spricht Recht und ermahnt das Volk zur Treue gegenüber Gott. Doch je stärker die Bedrohung von außen wird, desto lauter werden die Rufe nach einem König, der ein stehendes Heer anführen kann.

6.2 Das Verlangen nach einem König

Die biblischen Texte schildern, wie die Ältesten Israels zu Samuel kommen und einen König fordern, „wie ihn alle anderen Völker haben". Samuel warnt sie, dass ein König Steuern erheben, Söhne für den Kriegsdienst einziehen und sich selbst bereichern könnte. Dennoch stimmt Gott letztlich zu, dem Volk seinen Wunsch zu erfüllen.

6.2.1 Gründe für die Forderung

- **Militärische Sicherheit**: Die Philister hatten moderne Waffen aus Eisen und waren gut organisiert. Ein König sollte dauerhaft Truppen aufbieten.
- **Politische Einheit**: Die Stämme wollten eine stärkere Zusammengehörigkeit, um sich gegen Feinde durchzusetzen.
- **Vorbild anderer Völker**: In der Region war das Königtum die gängige Regierungsform. Man sah, dass benachbarte Reiche von starken Monarchen geführt wurden.

6.2.2 Spannung: Gottes Herrschaft versus menschlicher König

Im biblischen Text schwingt eine gewisse Skepsis mit: Eigentlich wird Gott allein als König Israels angesehen. Die Einführung eines menschlichen Königs kann als Abkehr von Gott wahrgenommen werden. Trotzdem wird die Monarchie erlaubt, wenn sie sich Gottes Weisungen unterordnet.

6.3 Saul: Der erste König Israels

Saul stammt aus dem Stamm Benjamin. Er wird von Samuel zum König gesalbt, zunächst wohl noch im kleinen Kreis. Später wird er öffentlich durch Los oder Wahl bestätigt.

6.3.1 Sauls Erscheinung und Charakter

Die Bibel beschreibt Saul als hochgewachsen und attraktiv. Er scheint anfangs eher zurückhaltend und versteckt sich sogar vor seiner Amtseinsetzung. Dennoch wird er bald zum Führer im Krieg gegen die Ammoniter und andere Feinde.

6.3.2 Erste militärische Erfolge

Saul erringt erste Siege, was ihm Zustimmung der Stämme bringt. Die biblischen Berichte zeigen jedoch, dass er sich zunehmend eigenwillig verhält und nicht immer auf die prophetischen Weisungen Samuels hört. Diese Differenzen zwischen religiöser Autorität (Samuel) und königlicher Macht (Saul) bilden ein Dauerthema.

6.4 Konflikte unter Sauls Herrschaft

Die Philister bleiben das Hauptproblem. Sie sind technologisch überlegen. In 1. Samuel 13 wird erwähnt, dass die Israeliten kaum Schmiede haben, sodass sie ihre Werkzeuge bei den Philistern schärfen lassen müssen. Saul kämpft gegen dieses Ungleichgewicht an.

6.4.1 Die Schlacht bei Michmas

Eine bekannte Episode ist die Schlacht bei Michmas (1. Samuel 13–14), in der Sauls Sohn Jonatan eine waghalsige Attacke wagt und den Philistern eine Niederlage beibringt. Dabei zeigt sich Jonatan als mutiger Krieger, was Sauls Ansehen steigert, aber auch die Rivalität zwischen Vater und Sohn andeutet.

6.4.2 Spannungen mit Samuel

Gleichzeitig verschärft sich Sauls Konflikt mit Samuel. Beim Opfer in Gilgal wartet Saul nicht auf den Propheten, sondern opfert selbst. Samuel wirft ihm

Ungehorsam vor und sagt ihm Gottes Missfallen an. Diese Szene verdeutlicht, wie eng Religion und Politik verzahnt waren: Der König sollte eigentlich den Weisungen Gottes unterstehen, repräsentiert durch den Propheten.

6.5 Sauls Niedergang

Mit der Zeit häufen sich Erzählungen, in denen Saul sich unbeherrscht und impulsiv zeigt. Er legt gegenüber seinem Gefolge willkürliche Schwüre auf, missachtet göttliche Anweisungen zum Bann (bei den Amalekitern) und gerät zunehmend in innere Unruhe.

6.5.1 Die Amalekiter-Episode

In 1. Samuel 15 wird berichtet, dass Saul gegen die Amalekiter ziehen und alle Beutegüter vernichten soll (sogenannter Bann). Doch er verschont den Amalekiterkönig Agag und behält Vieh. Als Samuel ihn zur Rede stellt, versucht Saul sich herauszureden. Samuel sieht darin den Bruch des göttlichen Befehls und kündigt an, dass Gott Saul als König verworfen hat.

6.5.2 Geistige Zerrissenheit

Nach diesem Ereignis wird Saul in den Texten als zunehmend geplagt beschrieben. Ein böser Geist beunruhigt ihn, er verfällt in Zornanfälle und Depressionen. Zur Linderung spielt der junge David Harfe für ihn, was Sauls Stimmung bessert. Diese Passagen deuten auf eine psychische Zerrissenheit hin, die Sauls Fähigkeit zu regieren schwächt.

6.6 Auftauchen Davids

David wird zunächst in 1. Samuel 16 als harmloser Hirte vorgestellt, der heimlich von Samuel zum König gesalbt wird. Gleichzeitig dient er Saul als Harfenspieler und Waffenträger. Dabei gewinnt er an Reputation.

6.6.1 Der Kampf mit Goliat

Eine der bekanntesten Geschichten ist Davids Kampf gegen den Riesen Goliat, einen Philisterkrieger. David besiegt ihn mit einer Steinschleuder. Dieser Sieg macht David über Nacht berühmt. Das Volk feiert ihn und erkennt seine Tapferkeit an. Saul jedoch reagiert eifersüchtig und fürchtet, David könnte ihm den Thron streitig machen.

6.6.2 Freundschaft mit Jonatan

Sauls Sohn Jonatan schließt eine enge Freundschaft mit David. Dabei stellt er seine Loyalität zu David über die Loyalität zum eigenen Vater, zumindest moralisch. Dieser Konflikt verschärft Sauls Hass auf David.

6.7 Sauls Verfolgung Davids

Saul wird in den biblischen Erzählungen von seiner Eifersucht getrieben. Er versucht mehrfach, David umzubringen. David muss fliehen und sammelt in der Wüste eine Schar von Gefolgsleuten.

6.7.1 David als Anführer einer Söldnertruppe

In der Zeit der Flucht führt David eine Art Söldnertruppe oder Guerilla-Einheit. Er hält sich in verschiedenen Gegenden auf und agiert teils eigenständig. Mehrmals hat er Gelegenheit, Saul zu töten, verschont ihn jedoch aus Respekt vor dem „Gesalbten des Herrn".

6.7.2 Samuel stirbt – der Prophet ist nicht mehr da

Während dieser Konflikte stirbt Samuel. Damit entfällt eine wichtige Instanz, die sowohl Saul als auch David hätte lenken können. Das Volk verliert eine respektierte geistliche Führungsperson, und der Streit zwischen Saul und David wird allein auf politischer Ebene ausgetragen.

6.8 Das Ende Sauls und die Teilung der Macht

Der Wendepunkt kommt, als die Philister erneut eine größere Offensive starten. In der Schlacht am Gilboa fällt Saul mitsamt seinen Söhnen, darunter Jonatan. Das biblische Buch 1. Samuel endet mit dieser Katastrophe für Sauls Haus.

6.8.1 Selbstmord oder Tod durch die Philister?

Die Texte beschreiben, dass Saul, verwundet, sich in sein Schwert stürzt, um nicht den Feinden in die Hände zu fallen. Später berichtet ein Amalekiter David, er habe Saul getötet. Wie genau es war, bleibt unklar, jedenfalls endete Sauls Leben tragisch.

6.8.2 Machtvakuum und Davids Aufstieg

Mit Sauls Tod ist der Weg für David frei, aber noch nicht in ganz Israel. Zunächst wird David von seinem eigenen Stamm Juda zum König ausgerufen, während Sauls Sohn Isch-Boschet (auch Eschbaal genannt) im Norden regiert. Damit entsteht eine Zweiteilung: Juda hält zu David, der Norden zu Isch-Boschet.

6.9 Bilanz der Frühphase des Königtums

Saul war der erste König Israels, doch seine Herrschaft verlief turbulent und endete tragisch. Warum ist diese Phase trotzdem bedeutend?

1. **Institutionalisierung**: Die Israeliten haben nun die Monarchie als feste Einrichtung angenommen. Damit wurde der Grundstein gelegt für ein staatenähnliches Gebilde.
2. **Zentrale Führung**: Trotz Sauls Scheitern erwies es sich als notwendig, in den Auseinandersetzungen mit Feinden gemeinsam aufzutreten. Ein König konnte das koordinieren.
3. **Religiös-politische Spannung**: Der Konflikt zwischen Saul und Samuel zeigt, wie schwierig es ist, eine Monarchie unter Gottes Hoheit zu stellen. Dieses Spannungsverhältnis bleibt ein Dauerthema in der Geschichte Israels.

6.10 Ausblick: David als neuer König

Am Ende dieser Phase steht David als starke Figur da, der sich zuerst in Juda durchsetzt und dann schrittweise das gesamte Israel eint. Im folgenden Kapitel werden wir sehen, wie David Jerusalem erobert, es zur Hauptstadt macht und ein größeres Reich aufbaut. Die Frage bleibt, ob er die religiösen Ideale besser repräsentieren kann als Saul.

David wird zur zentralen Gestalt in der Geschichte Israels – als Militärführer, als Frommer, als Psalmdichter (nach späterer Tradition) und als Symbol für das ideale Königtum. Doch auch Davids Herrschaft ist nicht frei von Intrigen, Familienkonflikten und Machtkämpfen.

Kapitel 7: König David und die Gründung Jerusalems

Einleitung

Nachdem Saul als erster König Israels gescheitert war und zusammen mit seinen Söhnen in der Schlacht gegen die Philister gefallen war, öffnete sich für David der Weg zur Macht. Zunächst wurde er im Süden, in Hebron, als König anerkannt, während das übrige Israel noch Sauls Sohn Isch-Boschet (auch Eschbaal genannt) folgte. Doch bald sollte David sich als unbestrittener Herrscher über alle Stämme durchsetzen. In diesem Kapitel widmen wir uns seiner Regierungszeit, die oftmals als „goldenes Zeitalter" Israels angesehen wird – obwohl sie gewiss nicht ohne Krisen und innere Konflikte verlief. Wir betrachten Davids Aufstieg, wie er Jerusalem zur Hauptstadt machte und wie er die Grundlagen schuf für ein geeintes Königreich, das später auch von seinem Sohn Salomo weitergeführt wurde.

7.1 David als König über Juda und Konflikt mit Isch-Boschet

Nach Sauls Tod war unklar, wer das Erbe des Königs antreten sollte. Saul hatte mehrere Söhne, von denen Isch-Boschet noch lebte. Dieser übernahm im Norden die Nachfolge, unterstützt von Abner, einem der wichtigsten Heerführer Sauls. David hingegen ging nach Hebron im Gebiet Juda und wurde dort vom eigenen Stamm zum König erhoben. So entstand eine Situation, in der zwei Könige gleichzeitig Anspruch auf das Land erhoben: David in Juda und Isch-Boschet im Rest Israels.

7.1.1 Hebron als erste Hauptstadt Davids

Hebron war eine der bedeutendsten Städte im Stammesgebiet Juda. Dort ließ sich David mit seiner Gefolgschaft nieder. Die Stadt hatte eine lange Geschichte, war jedoch nicht zentral genug, um auf Dauer eine Hauptstadt für alle Stämme zu sein. David nutzte Hebron zunächst als sicherer Stützpunkt, da er im Stamm Juda viele Unterstützer hatte.

7.1.2 Machtkampf zwischen den Lagern

Zwischen David und Isch-Boschet kam es zu Spannungen und militärischen Auseinandersetzungen. Dabei spielte der Heerführer Abner eine Schlüsselrolle. Er versuchte, die Macht des Hauses Saul zu erhalten, stieß jedoch auf Widerstände. Isch-Boschet wurde nicht als starke Persönlichkeit dargestellt, sondern wirkte eher als Marionette in Abners Händen.

7.1.3 Abners Übertritt

Schließlich zerstritten sich Isch-Boschet und Abner, woraufhin Abner die Seiten wechselte. Er bot David an, die anderen Stämme unter dessen Herrschaft zu bringen. Dies war ein wichtiger Wendepunkt. Doch bevor sich das Bündnis festigen konnte, wurde Abner von Joab, Davids Verwandtem und Heerführer, aus persönlicher Rache getötet. Diese Tat drohte, einen Keil zwischen David und die Nordstämme zu treiben, da Abner dort angesehen war.

David distanzierte sich deutlich von Joabs Aktion. Er betonte, dass er den Mord an Abner nicht gewollt hatte, und trauerte öffentlich. Damit konnte er die Stimmung im Norden ein Stück weit besänftigen, sodass am Ende immer mehr Israeliten dazu neigten, Davids Königtum anzuerkennen.

7.1.4 Das Ende Isch-Boschets

Isch-Boschet verlor nach Abners Tod rasch an Unterstützung. Er wurde schließlich ermordet, angeblich von Männern, die hofften, bei David eine Belohnung zu erhalten. David ließ die Mörder hinrichten, um sich klar vom Unrecht zu distanzieren. Dies unterstrich seine Absicht, Recht und Ordnung aufrechtzuerhalten, statt von Racheakten oder politischem Mord zu profitieren. Damit öffnete sich der Weg zur Einigung des Reiches unter David. Im biblischen Bericht kommen die Ältesten der nördlichen Stämme nach Hebron, um David als König anzuerkennen. Er war somit König über ganz Israel und hatte die Aufgabe, das Land zu stabilisieren und gegen äußere Feinde zu verteidigen.

7.2 Die Eroberung Jerusalems

David suchte nach einer Hauptstadt, die neutraler Boden sein sollte, da er ein Reich regierte, das aus verschiedenen Stämmen bestand. Hebron lag zwar in seinem vertrauten Stammesgebiet, war aber als dauerhafte Hauptstadt zu sehr mit Juda verbunden. Er wollte eine Stadt, die weder in Juda noch in den nördlichen Stammesgebieten lag und zugleich eine strategisch günstige Lage hatte.

7.2.1 Die Wahl Jerusalems

Jerusalem war damals eine kanaanitische Stadt, die von Jebusitern bewohnt wurde. Die Israeliten hatten sie bisher nicht vollständig erobern können. Die Stadt lag auf einem Hügel, umgeben von tiefen Tälern, und hatte somit eine natürliche Befestigung. Außerdem befand sie sich recht zentral zwischen den Gebieten der verschiedenen Stämme. Aus Sicht Davids war das ein idealer Ort, um eine neue Hauptstadt zu errichten, die für alle Israeliten akzeptabel sein sollte.

7.2.2 Militärische Eroberung

Der biblische Text schildert, dass David einen Trick anwandte, um in die scheinbar uneinnehmbare Festung zu gelangen: Man nutzte vermutlich einen Schacht oder einen Tunnel, der zum Wasserversorgungssystem der Stadt führte, und konnte so unbemerkt eindringen. Nachdem Jerusalem eingenommen war, nannte man sie auch die „Stadt Davids".

7.2.3 Ausbau zur Hauptstadt

David ließ die Stadt befestigen und baute seinen Palast dort. Er nahm Männer aus ganz Israel in seine Dienste und schuf ein Umfeld, das nicht rein auf Juda beschränkt war. Diese Politik trug dazu bei, Jerusalem zum gemeinsamen Mittelpunkt des Reiches zu machen.

So legte David den Grundstein dafür, dass Jerusalem später nicht nur politisches, sondern auch religiöses Zentrum werden konnte. Diese Entscheidung wirkte bis in die kommende Geschichte Israels und prägte das Selbstverständnis des Volkes.

7.3 Die Lade des Bundes in Jerusalem

Um die religiöse Einheit des Landes zu stärken, wollte David die Bundeslade, das heilige Kultobjekt aus der Zeit Moses, nach Jerusalem holen. Diese Lade stand in der Richterzeit lange in Silo und war zwischenzeitlich auch an anderen Orten aufbewahrt worden. Sie symbolisierte Gottes Gegenwart im Volk.

7.3.1 Festlicher Einzug

David ließ die Lade in einer feierlichen Prozession nach Jerusalem bringen. Die Bibel beschreibt diese Szene mit Musik, Tänzen und Opfern. David selbst tanzte in schlichter Kleidung vor der Lade, was bei manchen Zuschauern, darunter seiner Frau Michal (Sauls Tochter), auf Kritik stieß. Doch David betonte, dass es eine Form des Lobes und der Freude vor Gott sei.

7.3.2 Bedeutung für die Stadt

Mit der Lade in Jerusalem wurde die Stadt zum religiösen Brennpunkt. Das stärkte Davids Ansehen, denn er verband das politische Zentrum mit dem Heiligtum Gottes. Auch wenn zu dieser Zeit noch kein großer Tempel existierte, war Jerusalem nun mehr als nur ein Regierungssitz. Es wurde zum Ort, an dem man Gottes Gegenwart besonders spüren sollte.

7.4 Davids Kriege und Reichserweiterungen

David führte mehrere Kriege gegen umliegende Völker. Zu seinen Gegnern gehörten weiterhin die Philister, aber auch die Moabiter, Ammoniter, Aramäer und andere Gruppen in der Region. Die Bibel berichtet, dass David in vielen Schlachten siegreich war und Tributzahlungen von besiegten Gegnern erhielt. Dadurch vergrößerte sich das Territorium Israels erheblich.

7.4.1 Stabilisierung der Grenzen

Ein Hauptziel war, das Land nach außen hin abzusichern. Mit den Philistern, die zuvor so bedrohlich gewesen waren, konnte David nun besser umgehen. Nach mehreren Siegen nahm deren Macht ab, sodass sie Israel nicht mehr so stark bedrängten wie zur Zeit Sauls.

7.4.2 Handelswege und Wohlstand

Mit den Siegen über benachbarte Könige öffneten sich neue Handelswege für Israel. Tributzahlungen und Handelsabkommen führten zu einem wachsenden Wohlstand. Davids Reich reichte zeitweise weit in den Norden (Syrien) und Osten (Transjordanien) hinein. Allerdings gab es keine dauerhafte stabile Verwaltung in all diesen Gebieten; mancherorts ließ David Statthalter einsetzen oder lokale Herrscher durften bleiben und tributpflichtig werden.

7.4.3 Diplomatische Ehen und Bündnisse

David war nicht nur ein Krieger, sondern knüpfte auch Allianzen, etwa durch Ehen. Diese Praxis entsprach den Gepflogenheiten der Zeit. Eine Ehe mit einer Königstochter konnte ein wichtiger Schritt sein, um Frieden oder ein Bündnis zu sichern. Später wurde diese Politik vor allem unter Salomo noch deutlicher ausgeprägt.

7.5 Der Bund zwischen Gott und David (Nathan-Prophezeiung)

In 2. Samuel 7 findet sich eine zentrale Passage über den „Davidsbund". Der Prophet Nathan sprach zu David, dass Gott dessen Dynastie erwählt habe. David hatte zuvor den Wunsch geäußert, dem Herrn ein Haus (einen Tempel) zu bauen. Gott jedoch erwiderte durch Nathan, er selbst werde David ein „Haus" bauen – das heißt, eine beständige Königsfamilie.

7.5.1 Bedeutung des Versprechens

Diese Verheißung sicherte David zu, dass sein Königshaus bestand haben werde. Auch wenn einzelne Nachkommen Fehler machen, würde Gott sie strafen, aber doch nicht verwerfen. Spätere Generationen bezogen sich auf diese Prophezeiung, um die besondere Stellung der Davididen zu begründen.

7.5.2 David verzichtet auf den Tempelbau

Der Text stellt klar, dass nicht David, sondern erst sein Sohn den Tempel errichten soll. David nahm dies hin. Er wollte keinen Konflikt mit Gottes Willen. Zudem hatte David durch seine zahlreichen Kriege viel Blut vergossen, weshalb die Zeit eines friedlichen Tempelbaus erst unter seinem Nachfolger angebrochen wäre.

7.6 Schattenseiten von Davids Herrschaft: Die Bathseba-Episode

Trotz aller Erfolge und Gottes Segen war Davids Lebensweg nicht frei von Sünde und Fehlverhalten. Eine der bekanntesten Geschichten ist die Episode mit Bathseba. David sah Bathseba, die Frau des Hetiters Uria, von seinem Dach aus baden und begehrte sie. Er ließ sie zu sich bringen und schlief mit ihr. Als sie schwanger wurde, versuchte er, ihren Mann Uria, der ein treuer Offizier war, nach Hause zu holen, damit die Schwangerschaft als sein Kind gelten würde. Uria aber blieb aus Pflichtbewusstsein beim Heer.

7.6.1 Die Intrige

Da der Plan nicht funktionierte, ordnete David an, Uria in die vorderste Schlachtreihe zu stellen und dann die Truppen zurückzuziehen. Uria fiel im Kampf, und David nahm Bathseba zur Frau. Nach außen hin schien es vielleicht wie ein tragischer Kriegsunfall, doch Gott durchschaute die Tat.

7.6.2 Nathans Anklage

Der Prophet Nathan konfrontierte David mit einem Gleichnis vom reichen Mann, der einem armen Mann sein einziges Schaf raubt. David war empört über die Ungerechtigkeit. Darauf sagte Nathan: „Du bist der Mann!" und machte ihm klar, wie abscheulich seine Tat war. David erkannte seine Schuld und bereute sie. Dennoch blieb die Folge nicht aus: Das Kind, das Bathseba trug, starb. Später bekam David mit ihr einen weiteren Sohn – Salomo.

Diese Begebenheit zeigt die menschliche Schwäche Davids. Er galt als „Mann nach dem Herzen Gottes", war aber keineswegs frei von Sünden. Die Bibel stellt ihn nicht als makelloses Ideal dar, sondern als König, der trotz schwerer Vergehen immer wieder zu Gott umkehrte.

7.7 Konflikte in Davids Familie: Amnon, Tamar und Absalom

Davids Privatleben war durch zahlreiche Frauen und Kinder kompliziert. Dies führte zu Intrigen und Rivalitäten in der Familie. Besonders dramatisch verlief die Geschichte um Amnon, Tamar und Absalom.

7.7.1 Die Schandtat Amnons

Amnon, einer von Davids Söhnen, verliebte sich in seine Halbschwester Tamar. Er lockte sie zu sich und vergewaltigte sie. Danach verstieß er sie verächtlich. David erfuhr davon, reagierte aber nur zögerlich, was Absalom, Tamars Vollbruder, sehr erboste.

7.7.2 Absaloms Rache und Flucht

Absalom rächte sich, indem er Amnon bei einer Feier töten ließ. Dann floh er, um Davids Zorn zu entkommen. David trauerte um seinen Sohn Amnon und zugleich um Absaloms Tat und Flucht.

7.7.3 Absaloms Aufstand

Nach einiger Zeit holte David Absalom zurück an den Hof. Doch die Beziehung blieb angespannt. Absalom gewann mit geschickter Propaganda die Herzen vieler Israeliten und erklärte sich schließlich zum König in Hebron. Er zog gegen David, worauf David Jerusalem verlassen musste, um einen offenen Kampf zu vermeiden.

Dieser Bürgerkrieg erwies sich als eine der schwersten Prüfungen für Davids Königtum. Absalom schuf sich schnell eine Gefolgschaft. David hatte noch loyale Truppen, unter anderem angeführt von Joab, und es kam zur Schlacht im Wald von Ephraim. Absalom wurde dort besiegt und getötet, obwohl David ihn eigentlich verschonen wollte. Als David vom Tod seines Sohnes erfuhr, verfiel er in tiefe Trauer.

7.8 Weitere Herausforderungen und Davids späte Jahre

Der Aufstand Absaloms war nicht der einzige Konflikt in Davids späterer Regierungszeit. Es gab weitere Erhebungen, wie die Rebellion des Scheba. Auch mussten die Grenzen des Reiches immer wieder gesichert werden. Im Alter geriet David körperlich in Schwäche, woraufhin es Machtkämpfe um seine Nachfolge gab.

7.8.1 Volkszählung und ihre Folgen

Eine weitere Episode, die Davids Herrschaft überschattet, ist die Volkszählung, die er durchführen ließ. Aus dem Text geht hervor, dass der Stolz Davids eine Rolle spielte, denn er wollte offenbar seine militärische Stärke erfassen. Gott war darüber erzürnt, da es möglicherweise an Vertrauen mangelte. Eine Pest suchte das Land heim, bis David um Gnade bat.

7.8.2 Stabiles Reich trotz Krisen

Trotz all dieser Konflikte blieb Davids Herrschaft insgesamt stabil. Seine Feinde wurden in Schach gehalten, und Jerusalem blieb das politische und religiöse Zentrum. Davids Königtum hinterließ tiefe Spuren in der Geschichte Israels. Er gilt bis heute als der Inbegriff eines großen Königs, auch wenn seine Biografie zahlreiche dunkle Flecken aufweist.

7.8.3 Vorbereitung auf die Thronfolge

Am Ende seines Lebens bereitete David die Thronfolge vor. Mehrere Söhne hatten Ambitionen, darunter Adonija. Doch David entschied, dass Salomo, der Sohn von Bathseba, nach ihm regieren sollte. Mit Unterstützung der Propheten und wichtiger Berater wurde Salomo als Nachfolger eingesetzt.

7.9 Zusammenfassung Kapitel 7

König David war eine zentrale Figur in der Geschichte Israels. Er stammte aus bescheidenen Verhältnissen, wuchs zum Heerführer auf, gewann das Vertrauen des Volkes und wurde schließlich zum König über alle Stämme. Mit der Eroberung Jerusalems und der Ansiedlung der Bundeslade schuf er ein politisches und religiöses Zentrum. Seine militärischen Erfolge weiteten das Einflussgebiet Israels aus, was zu einem ersten Höhepunkt in der Geschichte des Reiches führte.

Dennoch war Davids Herrschaft nicht ohne schwere Verfehlungen. Die Affäre mit Bathseba und der Mord an Uria, die Zwistigkeiten in seiner Familie und der Aufstand Absaloms zeigten seine menschlichen Schwächen und brachten das Reich an den Rand des Chaos. Dennoch festigte sich unter ihm die Monarchie. Seine späte Regierung war von der Sorge um eine legitime Thronfolge geprägt, die er letztlich zugunsten seines Sohnes Salomo entschied.

Im nächsten Kapitel betrachten wir Salomo und die Zeit des geeinten Reiches, in der Israel einen gewissen Höhepunkt in wirtschaftlicher, kultureller und religiöser Hinsicht erleben sollte.

Kapitel 8: Salomo und die Zeit des geeinten Reiches

Einleitung

Mit Davids Tod ging eine turbulente, aber auch äußerst prägenden Phase zu Ende. Sein Sohn Salomo trat das Erbe an und übernahm ein expandiertes Reich, das unter David militärisch gefestigt worden war. Die Bibel beschreibt Salomo als weisen Herrscher, der den ersten Tempel in Jerusalem errichten ließ und dessen Epoche von Frieden, wirtschaftlicher Blüte und reger Bautätigkeit gekennzeichnet war. Aber auch Salomos Herrschaft hatte Schattenseiten, etwa hohe Abgaben und Zwangsarbeit, die das Volk belasteten. In diesem Kapitel widmen wir uns der Regierungszeit Salomos im Detail: seinem Aufstieg, seinen politischen und wirtschaftlichen Maßnahmen, dem Bau des Tempels und seinem Erbe, das schließlich in einer Reichsspaltung mündete.

8.1 Salomos Aufstieg und Machtsicherung

Nach Davids Tod war Salomo nicht der einzige Sohn mit Thronanspruch. Vor allem Adonija, ein älterer Sohn Davids, wollte die Krone für sich beanspruchen. Doch mit Unterstützung wichtiger Berater, darunter der Prophet Nathan und Davids Frau Bathseba, konnte Salomo die Macht übernehmen.

8.1.1 Die Ausschaltung von Rivalen

Um seine Herrschaft zu festigen, ging Salomo hart gegen politische Rivalen vor. Adonija wurde hingerichtet, als er intrigierte, um seinen Einfluss auszuweiten. Auch Joab, der einstige Heerführer Davids, wurde zum Tode verurteilt, weil er sich in der Vergangenheit an Verschwörungen beteiligt hatte. Der Priester Abjatar wurde abgesetzt und verbannt, was einen Wechsel im priesterlichen Amt mit sich brachte.

Diese Maßnahmen zeigen, dass Salomo, trotz aller Weisheit, die ihm nachgesagt wird, nicht zögerte, mit Gewalt oder harten Entscheidungen die Ordnung zu sichern. Er musste zu Beginn seiner Herrschaft klare Fronten schaffen, damit keine Gegenpartei seine Macht untergrub.

8.2 Salomos Weisheit und Verwaltung

Salomo wird in der Bibel besonders für seine Weisheit gerühmt. Es heißt, er habe Urteile gefällt, die durch ihre Klugheit und Gerechtigkeit auffielen. Das berühmteste Beispiel ist das Urteil über zwei Frauen, die sich um ein Kind stritten: Salomo schlug vor, das Kind zu teilen, um die wahre Mutter zu erkennen, weil die leibliche Mutter auf das Lebens des Kindes bedacht sein würde.

8.2.1 Aufteilung des Landes in Bezirke

Um die Verwaltung effizienter zu gestalten, gliederte Salomo das Reich in verschiedene Bezirke ein, deren Vorsteher für die Eintreibung von Steuern und Abgaben zuständig waren. Dabei wich er angeblich auf moderne Strukturen aus, die sich nicht mehr strikt an die alten Stammesgrenzen hielten. Dies sollte eine gleichmäßigere Belastung ermöglichen und verhinderte, dass einzelne Stämme Vorrechte genossen.

8.2.2 Förderung von Handel und Gewerbe

Salomo nutzte den Frieden, um Handelsbeziehungen auszubauen. Er soll Schiffe besessen haben, die bis nach Ophir fuhren, um Gold und exotische Güter zu importieren. Auch Karawanenwege nach Süden und Osten wurden belebt, was dem Königreich zu großem Wohlstand verhalf.

Dank seiner diplomatischen Verbindungen konnte Salomo auch ausländische Fachkräfte anwerben, etwa Handwerker und Bauleute aus Phönizien (dem heutigen Libanon), die beim Tempel- und Palastbau halfen.

8.3 Der Tempelbau in Jerusalem

Eines der größten Vermächtnisse Salomos ist der Bau des Tempels in Jerusalem. David hatte zwar bereits die Idee gehabt, ein Haus für Gott zu errichten, doch dem göttlichen Plan zufolge war Salomo dafür ausersehen.

8.3.1 Vorbereitung und Materialien

Durch Abkommen mit dem phönizischen König Hiram von Tyrus bekam Salomo Zedern- und Zypressenholz aus den Wäldern des Libanon. Ebenso bezog er

Baumaterialien wie Steine und Metalle. Große Trupps von Arbeitern, darunter auch Zwangsarbeiter, sorgten für die Bauausführung.

8.3.2 Architektur und Bedeutung

Der Salomonische Tempel bestand aus mehreren Bereichen: dem Vorhof, dem Heiligen und dem Allerheiligsten. Im Allerheiligsten befand sich die Bundeslade, die David bereits nach Jerusalem geholt hatte. Darüber hinaus gab es kunstvolle Verzierungen, Säulen (Jachin und Boas), ein bronzenes Meer für Reinigungsrituale und viele weitere sakrale Geräte.

Die Einweihung des Tempels war ein nationales Fest. Salomo sprach ein Gebet, in dem er Gott bat, dieses Haus als Ort seiner Gegenwart anzunehmen. Damit wurde Jerusalem endgültig zum geistigen Zentrum Israels. Der Tempel galt als sichtbares Zeichen dafür, dass Gott mitten unter seinem Volk wohnte.

8.4 Weitere Bauprojekte und Palastanlagen

Der Tempelbau war nicht Salomos einziges Großvorhaben. Er errichtete auch einen gewaltigen Königspalast, der laut Bibel sogar länger gebaut wurde als der Tempel. Darüber hinaus verstärkte er die Stadtmauern Jerusalems und baute Befestigungen in anderen Teilen des Reiches.

8.4.1 Megiddo, Hazor, Gezer und Co.

Die Bibel führt mehrere Städte auf, die Salomo ausbaute oder befestigte, zum Beispiel Megiddo, Hazor und Gezer. Archäologische Ausgrabungen in Megiddo zeigen komplexe Stadttore und weiträumige Stallanlagen, die möglicherweise aus salomonischer Zeit stammen könnten. Allerdings ist die genaue Datierung umstritten.

8.4.2 Palast der Libanonwälder

Salomo ließ sich auch ein Haus namens „Haus des Waldes Libanon" bauen, in dem er Reichtum und Kriegsbeute ausstellte. Mit den Tempel- und Palastanlagen in Jerusalem demonstrierte Salomo den gestiegenen Wohlstand und die internationale Bedeutung seines Reiches.

8.5 Salomos Außenpolitik und Bündnispolitik

Salomo war weniger der Krieger wie sein Vater David. Die Bibel berichtet nicht von großen Feldzügen, sondern von geschickter Diplomatie. Er soll zahlreiche Bündnisse geschlossen haben, oft untermauert durch Ehen.

8.5.1 Die Heirat mit der Pharaonentochter

Eine wichtige Verbindung entstand, als Salomo die Tochter eines ägyptischen Pharaos heiratete. Ägypten war eine alte Großmacht, und ein Bündnis mit ihr brachte Sicherheit und Prestige. Salomo ließ für seine ägyptische Frau einen eigenen Palast in Jerusalem errichten, was als Ausdruck seiner Wertschätzung, aber auch als Zeichen der Vermischung verschiedener Kulturen gedeutet werden kann.

8.5.2 Beziehungen zu Tyrus und anderen Nachbarn

Besonders eng war das Verhältnis zum König von Tyrus, Hiram. Dieser stellte wichtige Materialien für den Tempelbau zur Verfügung. Im Gegenzug erhielt er Naturalien aus dem Land Israel, etwa Getreide und Öl. Diese gegenseitige Abhängigkeit sorgte für eine stabile Friedenszeit, die Salomo zum Ausbau seiner Projekte nutzen konnte.

8.6 Wirtschaftliche Blüte und deren Kehrseite

Salomos Reich erlebte einen wirtschaftlichen Höhepunkt. Durch den See- und Landhandel sowie Tribute benachbarter Vasallenstaaten flossen Reichtümer nach Jerusalem. Doch die biblischen Texte verschweigen nicht, dass dieser Wohlstand seinen Preis hatte: hohe Steuern und Abgaben, Frondienste und Zwangsarbeit für große Teile der Bevölkerung.

8.6.1 Lasten für das Volk

Um die Regierungs- und Bauprojekte zu finanzieren, mussten sämtliche Stämme Abgaben zahlen. Außerdem rekrutierte Salomo Arbeitskräfte, die im Wechsel für Monate an den königlichen Projekten beteiligt waren. Während die Bibel berichtet, dass Salomo das Leben in Israel mit Festen und Überfluss verschönerte, mag es für viele einfache Leute beschwerlich gewesen sein, diese Arbeiten zu leisten.

8.6.2 Aufkeimende Unzufriedenheit

Diese Belastungen führten bereits zu wachsender Unzufriedenheit in Teilen des Volkes. Sie wurde jedoch zu Salomos Lebzeiten nicht in offene Rebellion umgemünzt. Viel spricht dafür, dass der Glanz Jerusalems und die politische Stabilität manche Kritik überdeckten. Doch in den nördlichen Gebieten machte sich Unmut breit, der nach Salomos Tod in eine Teilung des Reiches münden sollte.

8.7 Salomos legendäre Weisheit und Ruhm

In der Bibel werden Salomo zahlreiche Sprüche und Lieder zugeschrieben. Er soll 3000 Sprüche und 1005 Lieder gedichtet haben. Möglicherweise entstanden wichtige Teile der biblischen Weisheitsliteratur (z. B. Sprüche, Prediger, Hoheslied) unter seinem Einfluss oder zumindest in seinem Namen.

8.7.1 Besuch der Königin von Saba

Ein berühmtes Beispiel für Salomos internationale Ausstrahlung ist die Geschichte von der Königin von Saba, die aus dem Süden (vermutlich dem Gebiet des heutigen Jemen oder Äthiopiens) kam, um Salomos Weisheit und Reichtum zu sehen. Sie stellte ihm Rätsel und zeigte sich beeindruckt von seinem Hofstaat und seinen Bauten. Dieser Besuch verdeutlicht, wie weit Salomos Ruf reichte.

8.7.2 Wissenschaftliche Interessen

Der Text sagt, Salomo habe sich mit der Natur befasst, über Bäume, Tiere und Pflanzen gesprochen. Das unterstreicht das Bild eines universal gebildeten Herrschers, der sich nicht nur für Kriege, sondern auch für Kultur und Wissenschaft interessierte.

8.8 Salomos Niedergang: Fremde Frauen und Götzendienst?

Die Bibel übt jedoch scharfe Kritik an Salomos Ehepolitik und der daraus resultierenden religiösen Vermischung. Er heiratete viele Frauen aus umliegenden Völkern, die ihre Gottheiten mitbrachten. Dadurch sollen Götterkulte in Israel Einzug gehalten haben.

8.8.1 Religiöser Verfall?

Salomo, der den Tempel für den Gott Israels gebaut hatte, ließ es offenbar zu, dass seine Frauen Altäre für fremde Götter errichteten. Der biblische Text sieht darin einen Abfall vom reinen Gottesglauben. Ob Salomo selbst aktiv fremde Götter verehrte, bleibt strittig. Jedenfalls duldete er Praktiken, die dem Bund mit Gott widersprachen.

8.8.2 Ankündigung der Strafe

Gott kündigte laut Bibel an, dass er Salomos Haus wegen dieser Sünden bestrafen werde. Zwar werde er das Reich nicht zu Salomos Lebzeiten zerreißen – aus Rücksicht auf David. Doch nach Salomos Tod sollte es zur Spaltung kommen. Dieses Urteil verdeutlicht, dass Salomos Großreich innerlich nicht mehr so stabil war, wie es nach außen schien.

8.9 Spätes Wirken und Tod Salomos

Salomos späte Regierungszeit wird nicht ausführlich in allen Details geschildert, doch man gewinnt den Eindruck, dass die einstige Blüte schwindet. Feinde im Norden (Hadad, Rezon) und innere Unzufriedenheit machten sich bemerkbar. Einer seiner Beamten namens Jerobeam, dem Salomo großes Vertrauen schenkte, begann eine Rebellion zu planen.

8.9.1 Jerobeams Prophetie

Der Prophet Ahija trat an Jerobeam heran und zerriss sein neues Gewand in zwölf Stücke, von denen er zehn an Jerobeam gab. Symbolisch zeigte er damit, dass zehn Stämme Jerobeam folgen würden. Damit war die Spaltung des Reiches bereits vorprogrammiert.

8.9.2 Salomos Tod

Salomo regierte etwa 40 Jahre und starb schließlich in hohem Alter. Er hinterließ einen Sohn namens Rehabeam, der ihm auf den Thron folgte. Doch die Frage, ob Rehabeam die strenge Steuer- und Arbeitspolitik weiterführen oder mildern würde, stand nun im Raum.

8.10 Das geeinte Reich unter Salomo – Glanz und Schatten

Salomos Epoche wird oft als Höhepunkt Israels dargestellt. Seine Herrschaft war geprägt von:

- **Frieden**: Keine größeren Kriege, sondern diplomatische Bündnisse.
- **Bauprojekte**: Der erste Tempel in Jerusalem als zentrales Heiligtum, prächtige Paläste und befestigte Städte.
- **Wohlstand**: Aktiver Handel, Tributzahlungen, florierendes Gewerbe.
- **Kultur und Weisheit**: Literarische und intellektuelle Blüte, internationale Anerkennung.

Doch unter diesem Glanz schlummerten Probleme:

- **Hohe Abgaben**: Das Volk litt unter harten Abgaben und Arbeitsverpflichtungen.
- **Religiöser Synkretismus**: Fremde Einflüsse schwächten den exklusiven Bund mit Gott.
- **Spaltungstendenzen**: Stämme im Norden fühlten sich benachteiligt, Jerobeams Widerstand kündigte den Zerfall an.

Salomos Tod führte direkt in eine Krise, die in der Spaltung des Reiches in ein Nordreich (Israel) und ein Südreich (Juda) mündete. Damit endete das Zeitalter des geeinten Reiches, das David und Salomo geprägt hatten.

8.11 Zusammenfassung Kapitel 8

Die Regierungszeit Salomos steht in der Überlieferung als eine Epoche des Friedens und der kulturellen Blüte. Er konsolidierte das von David erweiterte

Reich, baute den ersten Tempel, förderte Handel und Wissenschaft. Dank geschickter Diplomatie blieben große Kriege aus, und Israel genoss wirtschaftlichen Aufschwung.

Gleichzeitig wuchsen aber die Schattenseiten: Die enorme Bautätigkeit erforderte hohe Steuern und Zwangsarbeit. Salomos zahlreiche ausländische Frauen brachten ihre Gottheiten mit, was den Bund mit dem Gott Israels verwässerte. Am Ende seiner Regierungszeit vermehrte sich die Unzufriedenheit, die nach seinem Tod zum Bruch des Reiches führte.

So endet mit Salomos Tod die Phase des „geeinten Reiches". Im nächsten Kapitel sehen wir, wie sich die beiden neuen Staaten – Israel im Norden und Juda im Süden – auseinanderentwickelten und welche Könige das Schicksal dieser geteilten Reiche prägten.

Kapitel 9: Die Spaltung in Nord- und Südreich

Einleitung

In den vorangegangenen Kapiteln haben wir den Aufstieg des geeinten israelitischen Reiches unter König David und dessen Höhepunkt unter König Salomo beleuchtet. Doch so glänzend Salomos Zeit in vielerlei Hinsicht war, so trug sie bereits die Keime für die spätere Teilung des Reiches in sich. Nach Salomos Tod kam es zur Spaltung in zwei selbstständige Königreiche: das Nordreich Israel und das Südreich Juda. Dieser tiefgreifende Einschnitt prägt die Geschichte Israels im weiteren Verlauf entscheidend.

In diesem Kapitel beschäftigen wir uns damit, wie es zu dieser Spaltung kam, welche Rolle Salomos Nachfolger spielte und wie sich die beiden neuen Reiche zunächst entwickelten. Wir betrachten die inneren Probleme, die unterschiedlichen Machtstrukturen und die äußeren Konflikte, die beide Königreiche prägen.

9.1 Die Ausgangssituation nach Salomos Tod

Salomo regierte mehrere Jahrzehnte und hinterließ ein wirtschaftlich starkes, aber innerlich angespanntes Reich. Hohe Steuern, Zwangsarbeit und die Benachteiligung des Nordens hatten zu wachsender Unzufriedenheit geführt. Diese Unzufriedenheit entlud sich, als Salomo starb und sein Sohn Rehabeam dessen Nachfolge antreten wollte.

9.1.1 Rehabeams Thronanspruch

Rehabeam war Salomos legitimer Erbe. Er machte sich in Jerusalem bereit, den Thron zu besteigen. Allerdings war allen bewusst, dass die Nordstämme kritisch auf den neuen König blickten. Um die Unterstützung des Nordens zu gewinnen, reiste Rehabeam nach Sichem. Dort hoffte er, sich von den Ältesten der Nordstämme bestätigen zu lassen.

9.1.2 Die Forderung des Volkes

Die führenden Köpfe der Nordstämme, darunter Jerobeam, hatten klare Erwartungen: Sie wollten eine Lockerung der harten Arbeits- und Steuerlast, die zu Salomos Zeiten eingeführt worden war. Die Frage, ob Rehabeam sich kompromissbereit zeigen würde, war entscheidend dafür, ob das Reich geeint bleiben konnte.

9.1.3 Rehabeams Entscheidung

Rehabeam holte Rat bei zwei Gruppen: den älteren Beratern, die ihm zu Mäßigung rieten, und seinen jüngeren Vertrauten, die ihm empfahlen, noch härter durchzugreifen, um seine Macht zu demonstrieren. Letztlich entschied Rehabeam sich für die harte Linie. Er verkündete sinngemäß, dass er die Lasten noch schwerer machen werde als sein Vater.

Diese Entscheidung war ein Wendepunkt. Die Nordstämme lehnten Rehabeam ab und erklärten, sie hätten keinen Anteil mehr am Haus David. So kam es zur Abspaltung.

9.2 Die Entstehung des Nordreichs Israel

Mit der Abspaltung der Nordstämme formierte sich das Königreich Israel. Jerobeam, der früher in Salomos Verwaltung eine wichtige Rolle gespielt und bereits eine Prophezeiung zur künftigen Reichsteilung erhalten hatte, wurde König des Nordens.

9.2.1 Jerobeam als erster König des Nordreichs

Jerobeam war ein fähiger Organisator und stammte aus dem Stamm Ephraim. Dieser Stamm war einer der mächtigsten im Norden und besaß bereits zu Salomos Zeiten großes Selbstbewusstsein. Jerobeams Aufstieg gründete sich auf die breiten Unmutsgefühle gegen die Politik Rehabeams.

9.2.2 Hauptstadt und Religion

Zunächst residierte Jerobeam in Sichem. Später verlegte er seine Residenz nach Penuel und schließlich baute er neue Machtzentren wie Tirza oder Samaria (Letzteres wurde erst unter einem späteren König zur Hauptstadt). Um eine

Abhängigkeit vom Jerusalemer Tempel zu vermeiden, richtete Jerobeam in Bethel und Dan eigene Kultstätten ein. Dort stellte er goldene Stierbilder (oder junge Stiere) auf, die als Symbole oder Thronwagen Gottes gedeutet wurden.

Aus biblischer Sicht war dies ein großer Sündenfall, denn die Israeliten sollten eigentlich nur in Jerusalem Opfer bringen. Jerobeam wollte jedoch verhindern, dass seine Untertanen im Süden pilgerten und damit womöglich wieder eine Loyalität zum Haus David entwickelten.

9.2.3 Innenpolitische Konsolidierung

Jerobeam musste rasch eine eigene Verwaltung aufbauen, Beamte einsetzen und Bündnisse mit umliegenden Völkern suchen. Das Nordreich war größer und wirtschaftlich potenziell stärker als das Südreich, denn es besaß fruchtbare Ebenen und wichtige Handelswege. Allerdings fehlte ihm anfangs die religiöse und historische Legitimation, wie sie das Haus David für sich beanspruchte.

9.3 Das Südreich Juda unter Rehabeam

Während Jerobeam im Norden ein neues Reich gründete, blieb Rehabeam in Jerusalem und herrschte über das Südreich Juda. Dazu gehörten hauptsächlich die Stämme Juda und Benjamin sowie einige Leviten, die aus dem Norden flohen.

9.3.1 Territorium und Bevölkerung

Das Südreich war kleiner als das Nordreich, hatte aber den Vorteil, dass sich der Tempel in Jerusalem befand, der ein geistiges und symbolisches Zentrum darstellte. Auch lag das Gebiet zum Teil im Bergland, was einen natürlichen Schutz bot.

9.3.2 Militarische Auseinandersetzungen mit Israel

Rehabeam wollte die Abspaltung der Nordstämme nicht hinnehmen. Anfangs plante er einen Krieg gegen Israel. Doch die Bibel berichtet, dass ein Prophet namens Schemaja ihm Einhalt gebot und sagte, diese Spaltung sei von Gott gewollt. Ob das sämtliche Kriege wirklich verhinderte, bleibt fraglich. Historisch gesehen gab es immer wieder Grenzkonflikte zwischen Israel und Juda, obwohl die Bibel an dieser Stelle von einem unmittelbar großen Kriegsausbruch nichts Konkretes nennt.

9.3.3 Äußere Bedrohungen unter Rehabeam

Nicht nur das Nordreich setzte Juda zu. Auch äußere Feinde, wie Ägypten, nutzten die Schwächung des ehemals geeinten Reiches. Pharao Scheschonk (in der Bibel Schischak genannt) zog in das Gebiet ein und plünderte sogar Teile Jerusalems aus. Dieser Vorfall zeigt, dass Juda ohne das Bündnis mit dem Norden verwundbarer war.

9.4 Die ersten Könige Israels und Judas im Überblick

Nach Jerobeam I. und Rehabeam entstanden in beiden Königreichen eigene Herrscherdynastien, Bündnisse und Konflikte. Dabei kam es im Nordreich öfter zu Thronwechseln durch Verschwörungen, während im Südreich das Haus David dank der dynastischen Legitimation meistens weiterregierte.

9.4.1 Weitere Könige im Nordreich

- **Nadab** (Jerobeams Sohn) regierte nur kurz. Er wurde von einem Offizier namens Basa ermordet.
- **Basa** gründete eine eigene Dynastie, doch auch er und seine Nachkommen mussten sich gegen Verschwörungen wehren.
- **Omri** (etwas später) war ein bedeutender König, der Samaria zur Hauptstadt machte und eine starke Dynastie schuf. Auf ihn folgte Ahab, einer der bekanntesten Könige Israels.

9.4.2 Könige im Südreich

- **Rehabeam** blieb zunächst an der Macht, obwohl seine Regierung von Krisen gekennzeichnet war.
- Sein Sohn **Abija** und später **Asa** regierten Juda nacheinander. Asa gelang es, religiöse Reformen durchzusetzen und Juda vorübergehend zu stabilisieren.
- **Joschafat** war ein weiterer König, der durch Bündnisse mit dem Norden auffiel, was jedoch später zu religiösen Konflikten führte.

Diese Reihe von Königen bildet den groben Rahmen, den wir in den kommenden Kapiteln vertiefen werden.

9.5 Gründe für das häufige Dynastie-Wechseln im Norden

Das Nordreich Israel litt unter einer gewissen Instabilität. Immer wieder putschten Heerführer oder Hofbeamte gegen den regierenden König. Das lag unter anderem daran, dass die Dynastie Jerobeams keine „alte Legitimation" im Stil des Hauses David besaß.

9.5.1 Fehlen einer klaren göttlichen Verheißung

Während das Haus David sich auf die Verheißung an David und Salomo berufen konnte, war diese Grundlage im Norden schwächer. Zwar hatte Jerobeam eine Botschaft von Propheten erhalten, aber nach ihm folgten Herrscher, die keine unmittelbare prophetische Bestätigung hatten.

9.5.2 Starke Militärführer

Das Nordreich war wirtschaftlich dynamisch, brauchte aber eine starke Armee, um sich gegen Syrien (Aram), Moab und andere Feinde zu behaupten. Ein Heerführer konnte daher hohes Ansehen gewinnen, was Putschversuche förderte, wenn der König schwach erschien.

9.5.3 Wirtschaftlicher Reichtum und Rivalitäten

Der Handel in den fruchtbaren Regionen Israels brachte Wohlstand, aber auch Rivalitäten zwischen verschiedenen Interessengruppen. Manche Könige förderten Kulte wie den Baalsdienst, was zum Konflikt mit traditionellen Jahwe-Anhängern führte. Diese Spannungen konnten sich in politischen Umstürzen äußern.

9.6 Verhältnis zwischen Israel und Juda nach der Spaltung

Obwohl Israel und Juda meist getrennte Wege gingen, war ihr Verhältnis keineswegs immer nur feindlich. Es gab wechselnde Phasen von Krieg, Bündnis, Abgrenzung und gegenseitiger Hilfe.

9.6.1 Kriege und Grenzkonflikte

Manche Könige im Norden versuchten, das Südreich zu unterwerfen, oder wenigstens strategisch wichtige Grenzorte zu gewinnen. Umgekehrt suchten Könige im Süden immer wieder Allianzen, um sich gegen das Nordreich zu behaupten.

9.6.2 Heiratsbündnisse

Einige Male kam es zu Heiratsbündnissen. So heiratete z. B. Ahab (Nordreich) Isebel aus Phönizien, und später gab es Ehen zwischen Königshäusern des Nordens und Südens. Das führte zwar zu zeitweiligen Friedensphasen, aber auch zu Konflikten in der Religionspolitik, da ausländische Einflüsse (Baalskult) immer stärker wurden.

9.6.3 Gemeinsame Feinde

Wenn äußere Großmächte wie Aram-Damaskus oder Assyrien drohten, konnten Israel und Juda ein gemeinsames Interesse an einer Allianz haben. Dasselbe galt, wenn die Philister wieder erstarkten. Doch solche Allianzen waren selten von Dauer; allzu oft überwogen Misstrauen und eigene Machtinteressen.

9.7 Religiöse Herausforderungen nach der Teilung

Die Teilung hatte nicht nur politische und wirtschaftliche, sondern auch religiöse Folgen. Für das Südreich war Jerusalem weiterhin Mittelpunkt des Gottesdienstes. Im Nordreich entstanden neue Heiligtümer und Kulte, die in der späteren biblischen Tradition meist negativ bewertet werden.

9.7.1 Die goldenen Stiere in Bethel und Dan

Jerobeams Aufstellung von Stierbildern war der Beginn einer Kluft zwischen dem Jerusalemer Tempelglauben und den Kultformen im Norden. Obwohl Jerobeam dabei vermutlich an Jahwe dachte (der Stier als Thronbasis Gottes), wurde diese Praxis bald als Götzendienst verurteilt.

9.7.2 Konkurrenz zum Jerusalemer Tempel

Da der Tempel in Jerusalem stand, fehlte dem Norden ein vergleichbar zentrales Heiligtum. Zwar gab es Bethel, das eine lange Tradition als kultischer Ort hatte, und Dan im äußersten Norden. Doch aus Sicht der biblischen Schreiber, die meist aus dem Südreich oder späteren jüdischen Exil stammten, waren diese Heiligtümer unrechtmäßige Kopien.

9.7.3 Einflüsse von Nachbarvölkern

Sowohl Israel als auch Juda standen unter dem Einfluss benachbarter Kulte. Im Norden wurde der Baalskult aus Phönizien über Königin Isebel noch stärker verbreitet (diese Epoche folgt später unter König Ahab). Im Süden gab es ebenfalls Tendenzen, fremde Götter zu verehren, besonders bei Königen, die Allianzen mit fremden Herrscherhäusern schlossen.

9.8 Außenpolitische Lage: Bedrohungen und Chancen

Nach der Spaltung war das ehemals große, geeinte Reich in zwei kleinere Staaten zerfallen. Das nutzten manche Nachbarvölker aus. Gleichzeitig eröffnete es den einzelnen Staaten teils aber auch diplomatische Chancen, etwa getrennte Bündnisse einzugehen.

9.8.1 Ägypten im Wandel

Ägypten war nicht mehr die ganz große Weltmacht wie in den früheren Dynastien, doch es blieb ein wichtiger Akteur. Verschiedene Pharaonen nutzten die Schwäche Kanaans (also Israels und Judas), um militärische Expeditionen zu unternehmen. Die biblische Erwähnung Scheschonks zeigt, dass selbst Jerusalem verwundbar war.

9.8.2 Syrien und Damaskus

Im Norden lag das aramäische Reich mit Zentrum in Damaskus. Dieses Reich erstarkte zeitweise und führte Kriege gegen Israel. Verschiedene Könige Israels mussten sich gegen syrische Vorstöße behaupten oder selbst Bündnisse schmieden, um Damaskus zu schwächen.

9.8.3 Assyrien als wachsende Großmacht

Weiter im Nordosten, jenseits von Aram, lag das assyrische Kernland. Zu Beginn der geteilten Monarchie war Assyrien nicht permanent in der Levante präsent. Doch im Laufe der Zeit wuchs seine Macht enorm. Später wurde Assyrien zu einer Hauptbedrohung für Israel und Juda, was schließlich zur Zerstörung des Nordreichs und zu schweren Erschütterungen im Südreich führen sollte.

9.9 Erste Fazits zur Reichsteilung

Die Spaltung in Israel (Nordreich) und Juda (Südreich) war einer der einschneidendsten Momente in der Geschichte des antiken Israels. Man kann festhalten:

1. **Dauerhaftigkeit**: Die Teilung blieb über Jahrhunderte bestehen.
2. **Politische Schwächung**: Beide Reiche waren kleiner und anfälliger für Angriffe von außen.
3. **Religiöse Unterschiede**: Das Nordreich entwickelte eigene Kultzentren, was zu einem dauernden Konflikt mit der Jerusalemer Tempeltheologie führte.
4. **Dynastiefragen**: Das Südreich hielt am Haus David fest, während es im Norden zu ständigen Wechseln kam.

Kapitel 10: Die Könige Israels und Judas – Machtkämpfe und Propheten

Einleitung
Nach der Spaltung in ein Nordreich (Israel) und ein Südreich (Juda) entwickelte sich eine wechselvolle Geschichte. Beide Königreiche hatten ihre Höhen und Tiefen, eigene Dynastien, Kriege und Bündnisse. Ein zentrales Thema dieser Zeit war das ständige Ringen um Macht und Stabilität. Darüber hinaus wuchsen die religiösen Konflikte: Fremde Kulte und der Glaube an den Gott Israels standen in Konkurrenz.

Inmitten dieser Entwicklungen traten Propheten als mahnende Stimmen auf. Sie warnten vor Verfall, kritisierten Könige und Volk und riefen zur Rückkehr zu den Geboten Gottes auf. Dieses Kapitel beleuchtet einige Schlüsselpersonen unter den Königen, wichtige Propheten und die politisch-religiösen Umbrüche, die das 9. und 8. Jahrhundert v. Chr. prägten.

10.1 Überblick über die Königsdynastien

Während Juda größtenteils von der Davidischen Dynastie regiert wurde, erlebte Israel eine Reihe von Putschversuchen und wechselnden Herrscherhäusern. Hier ein kurzer Überblick:

10.1.1 Juda (Südreich)

- **Rehabeam**: Sohn Salomos, anfangs geschwächt durch die Spaltung.
- **Abija, Asa und Joschafat**: Asa und Joschafat versuchten, religiöse Reformen durchzuführen und das Bündnis mit Gott zu erneuern.
- **Viele weitere Könige** aus der Linie Davids, darunter Joasch, Amazja, Usija (Asarja), Jotam, Ahas und Hiskia, die in späteren Kapiteln noch ausführlicher besprochen werden.

10.1.2 Israel (Nordreich)

- **Jerobeam I.** (Gründer des Nordreichs)
- **Nadab, Basa, Ela, Simri**: Kurze, teils gewalttätige Herrschaftsfolgen.

- **Omri-Dynastie**: Omri gründete Samaria, Ahab (Omris Sohn) heiratete Isebel. Diese Dynastie brachte eine Hochphase in Israel, war aber umstritten wegen Baalskult.
- **Jehu** stürzte den Sohn Ahabs und leitete wiederum eine andere Dynastie ein, die mehrere Generationen regierte.
- **Zahlreiche Nachfolger** bis zur endgültigen Eroberung Israels durch die Assyrer.

Jede dieser Dynastien prägte eine eigene Epoche, während sich die politischen Verhältnisse in der Region ständig wandelten.

10.2 Die Omri-Dynastie im Nordreich und König Ahab

Besonders bekannt und einflussreich war die Dynastie des Omri, der wohl militärisch und politisch sehr erfolgreich war. Sein Sohn Ahab trat später hervor und führte das Nordreich zu einer gewissen Blüte – allerdings unter starkem religiösem Konflikt.

10.2.1 Omri als starker König

Omri war ein Offizier, der sich nach dem Sturz der vorherigen Könige durchsetzte. Er erbaute Samaria als neue Hauptstadt. Diese Stadt lag auf einem strategisch günstig gelegenen Hügel. Archäologische Funde zeigen, dass Samaria eine gut befestigte Stadt mit repräsentativen Bauten war.

10.2.2 Ahab und die Heirat mit Isebel

Ahab heiratete Isebel, eine Prinzessin aus Phönizien (oft als Sidon oder Tyrus bezeichnet). Diese Heirat war diplomatisch klug, da Phönizien ein starker Handelspartner war. Doch aus religiöser Sicht führte dies zur Einführung des Baalskults in Israel. Isebel förderte die Baalspriester und bekämpfte die Anhänger Jahwes.

10.2.3 Wirtschaftlicher Aufschwung und militärische Konflikte

Unter Ahab erlebte Israel wirtschaftlichen Aufschwung. Das Nordreich kontrollierte Handelsrouten und pflegte Allianzen, zum Beispiel mit Juda. Militärisch musste Ahab sich gegen Syrien (Aram-Damaskus) behaupten. Er schloss teils Bündnisse, teils führte er Kriege. Berühmt ist die Schlacht von Qarqar (853 v. Chr.), in der Ahab in einer Koalition gegen den assyrischen König Salmanassar III. kämpfte. Obwohl die Bibel diese Schlacht nicht direkt erwähnt, zeigen assyrische Quellen, dass Ahab ein bedeutendes Kontingent stellte.

10.3 Die Propheten: Hüter des Bundes und Kritiker der Könige

Gerade in der Zeit der Omri-Dynastie traten einige der bekanntesten Propheten auf. Sie waren keine Wahrsager, sondern Sprecher Gottes, die Ungerechtigkeit und Götzendienst anprangerten und das Volk zur Umkehr riefen.

10.3.1 Elia: Der kämpferische Prophet

Elia wirkte unter König Ahab und Königin Isebel. Er trat entschieden gegen den Baalskult auf. Eine bekannte Szene ist der Wettstreit auf dem Berg Karmel, bei dem Baalspriester und Elia Opfer bringen sollten, um zu sehen, welcher Gott mit Feuer antwortet. Als einzig Jahwe mit Feuer reagierte, wurde Baal als ohnmächtig entlarvt.
Isebel suchte Elia daraufhin zu töten. Dieser floh zeitweise und erlebte eine Gottesbegegnung am Horeb, in der Gott nicht im Sturm oder Erdbeben erschien, sondern im leisen Säuseln. Diese Erfahrung prägte das Verständnis der späteren israelitischen Frömmigkeit – Gott kann sanft auftreten und dennoch gewaltig sein.

10.3.2 Elisa: Der Schüler Elias

Elisa trat das Erbe Elias an. Er war als Prophet in Israel aktiv und vollbrachte Wunder, wie das Heilen von Kranken oder das Vermehren von Speise. Außerdem unterstützte er politische Umstürze. So salbte er Jehu zum König, der Ahabs Nachkommen stürzen sollte. Elisa geriet dadurch in die Mühlen der Machtkämpfe, blieb jedoch seinem prophetischen Auftrag treu, indem er gegen Götzendienst auftrat und die soziale Gerechtigkeit anmahnte.

10.4 Jehus Aufstand und die Folgen

Jehu war ein Offizier unter Ahabs Sohn Joram. Elisa schickte einen seiner Gefährten, um Jehu zum König zu salben und ihn anzuspornen, die Dynastie Omri-Ahab zu beenden. Jehu stürzte daraufhin Joram und ließ Isebel töten. Er bemühte sich, den Baalskult aus Israel zu entfernen, ging dabei aber äußerst gewaltsam vor.

10.4.1 Das Blutbad in Jesreel

Ein berüchtigter Teil von Jehus Coup war das Massaker in Jesreel. Dort eliminierte er die Reste von Ahabs Familie und Anhängerschaft. Auch die Könige Judas (Ahasja) und andere Verwandte wurden mit hineingezogen. Obwohl Jehu sich damit als Vollstrecker eines göttlichen Gerichts sah, stellt die Bibel später die Frage, ob er nicht zu brutal vorging.

10.4.2 Politische Neuausrichtung

Nach seiner Machtergreifung brach Jehu die Allianz mit Phönizien ab und wandte sich teils Assyrien zu, um sich gegen Aram-Damaskus zu sichern. Doch Assyrien verlangte Tribute, und Israel geriet in eine abhängige Lage. Außerdem litt das Land unter den Wirren der Umstürze und Kriege. Das Reich erholte sich nur langsam von den Massakern und den militärischen Konflikten mit Aram.

10.5 Juda im Schatten der Nordmacht: Reformkönige und Bündnisse

Während das Nordreich wechselnde Dynastien erlebte, hielt sich im Südreich das Haus David. Einige Könige versuchten, religöse Reformen einzuführen und das Volk zur Treue gegenüber Gott zu bewegen. Andere schlossen Bündnisse, die Kompromisse mit fremden Kultanliegen erforderten.

10.5.1 Asa und Joschafat

Asa entfernte fremde Kulte und kämpfte gegen die Anbetung von Götzen. Er wollte die Menschen in Juda wieder stärker an Jahwe binden. Sein Sohn Joschafat ging noch weiter und schickte Leviten in die Städte, um das Gesetz Gottes zu lehren. Joschafat hielt zeitweilig ein Bündnis mit Ahab im Norden, was zu Kritik von Propheten führte, weil so Baalskult ungefiltert in Juda hineinströmen konnte.

10.5.2 Ahas und das assyrische Joch

Ein späterer König Judas war Ahas (im 8. Jahrhundert v. Chr.). Er sah sich durch einen aramäisch-israelitischen Angriff bedroht (sogenannter Syrisch-Ephraimitischer Krieg), bei dem das Nordreich und Aram versuchten, Juda zu zwingen, sich einer Anti-Assyrien-Koalition anzuschließen. Ahas rief Assyrien um Hilfe, was das Südreich zwar rettete, es aber zu einem Vasallen Assyriens machte. Diese Politik schwächte Judas Eigenständigkeit und förderte den Einfluss assyrischer Götter im Jerusalemer Tempel.

10.6 Hiskia und die Rolle der Propheten im Südreich

Einer der bedeutendsten Könige Judas war Hiskia (spätes 8. Jahrhundert v. Chr.). Er versuchte, sich von Assyrien zu lösen und führte religiöse Reformen durch. Wichtig ist hier auch das Wirken von Propheten wie Jesaja, die Hiskia berieten.

10.6.1 Hiskias Reformen

Hiskia zerstörte Kultstätten, die Jahwe-kritisch waren oder fremde Götter verehrten. Er beseitigte sogar die ehrwürdige Nehuschtan, eine bronzene Schlange aus der Mosezeit, weil sie kultisch missbraucht wurde. Seine Reformpolitik zielte auf eine spirituelle Erneuerung Judas.

10.6.2 Der assyrische Feldzug gegen Juda

Hiskia lehnte den Tribut an Assyrien ab, was den assyrischen König Sanherib zu einem Vergeltungsfeldzug veranlasste. Die assyrischen Truppen eroberten viele Städte in Juda. Jerusalem wurde belagert, aber die Stadt fiel nicht. Die Bibel schreibt das einem göttlichen Eingreifen zu; Sanherib musste aus anderen Gründen abrücken. Archäologische Funde (z. B. die Lachisch-Reliefs) bestätigen die Zerstörung großer Teile Judas, doch Jerusalem blieb verschont.
Für diese Rettung wurde Hiskia später hoch geschätzt. Er steht stellvertretend für einen König, der in Krisenzeiten am Glauben festhielt. Propheten wie Jesaja bestärkten ihn darin, auf Gottes Hilfe zu vertrauen.

10.7 Propheten als kritische Begleiter der Geschichte

In beiden Reichen äußerten sich Propheten kritisch zu sozialen und religiösen Missständen. Einige ihrer Namen sind bis heute bekannt, weil ihre Worte in biblischen Büchern erhalten sind oder ihre Taten im Königsbuch erzählt werden.

10.7.1 Amos und Hosea (im Nordreich)

- **Amos** wirkte im 8. Jahrhundert v. Chr. zur Zeit eines gewissen Wohlstands im Nordreich. Er kritisierte die soziale Ungerechtigkeit und den Luxus der Oberen, die die Armen ausbeuteten.
- **Hosea** sprach gegen den Götzendienst und nutzte die Metapher einer Ehe, in der Israel Gott untreu wird. Seine Botschaft betonte Gottes Liebe, aber auch das Gericht, falls keine Umkehr stattfindet.

10.7.2 Jesaja und Micha (im Südreich)

- **Jesaja** lebte in Jerusalem und beriet Könige wie Ahas und Hiskia. Er forderte Vertrauen auf Gott statt auf fremde Allianzen.
- **Micha** prangerte die ungerechten Zustände in Juda an und verkündete, dass selbst Jerusalem – trotz seines Tempels – nicht sicher sei, wenn das Volk Gottes Gebote missachte.

Diese Propheten sahen es als ihre Aufgabe, die Könige an den Bund mit Gott zu erinnern. Sie warnten, dass politisches Taktieren und äußere Kulte nicht vor dem Untergang schützen würden, wenn Gerechtigkeit und Treue zu Gott verloren gingen.

10.8 Höhen und Tiefen des Nordreichs im 8. Jahrhundert v. Chr.

Das 8. Jahrhundert v. Chr. war für Israel (Nordreich) eine Phase mit zeitweiliger Erholung, etwa unter Jerobeam II. (nicht zu verwechseln mit Jerobeam I.), aber auch mit wachsender Bedrohung durch das expandierende Assyrien. Jerobeam II. brachte noch einmal Wohlstand nach Israel, doch die soziale Kluft vertiefte sich. Propheten wie Amos oder Hosea sahen diesen Wohlstand kritisch, weil er nur einer Elite zugutekam.

10.8.1 Innere Zerwürfnisse und rasche Königswechsel

Nach Jerobeam II. folgte eine Serie kurz regierender Könige, die teils durch Attentate oder Putsche an die Macht kamen. Die politische Instabilität nahm zu. Dieser Zustand war günstig für Assyrien, das in die Region eindringen konnte.

10.8.2 Das Ende Israels (722 v. Chr.)

Schließlich kam es zur assyrischen Invasion. König Hoschea von Israel versuchte, sich von der assyrischen Oberherrschaft zu lösen, doch ohne Erfolg. Samaria wurde nach einer längeren Belagerung 722 v. Chr. eingenommen. Das Nordreich Israel hörte auf, als eigenständiger Staat zu existieren. Ein Teil der Bevölkerung wurde ins assyrische Reich deportiert – die sogenannten „Zehn Stämme Israels" gingen weitgehend in der Fremde auf.

10.9 Juda nach dem Untergang Israels

Nach der Eroberung des Nordreichs durch Assyrien war Juda ein kleines Vasallenkönigreich, das Tribut an Assyrien zahlen musste. Viele Flüchtlinge aus dem Norden kamen nach Juda und veränderten Gesellschaft und Kultur. In Jerusalem entstand ein stärkeres Bewusstsein dafür, dass das Haus David und der Tempel bewahrt wurden.

10.9.1 Hiskia und die Reform – eine Wiederholung

Wie bereits erwähnt, versuchte Hiskia, Juda aus der assyrischen Abhängigkeit zu befreien. Nach seiner Zeit regierten Manasse und Amon, die sich weniger konsequent gegen Assyrien stellten und teils fremde Kulte zuließen. Erst unter Josia im 7. Jahrhundert v. Chr. kam es erneut zu einer großen Reformbewegung.

10.9.2 Assyrische Dominanz schwindet

Assyrien blieb zwar die beherrschende Macht, doch gegen Ende des 7. Jahrhunderts v. Chr. begannen sich die Verhältnisse zu ändern. Das Neubabylonische Reich erstarkte, und Ägypten spielte wieder eine größere Rolle. Juda lag in der Konfliktzone zwischen den Großmächten, was zu einer politisch instabilen Situation führte.

10.10 Zusammenfassung und Ausblick

In den Kapiteln 9 und 10 haben wir die Zeit der geteilten Monarchie betrachtet:

- Die Spaltung in Israel (Nordreich) und Juda (Südreich) erfolgte nach Salomos Tod und beruhte auf sozialen und politischen Spannungen.
- Das Nordreich erlebte häufiger Königsumstürze, während im Südreich das Haus David weiterregierte.
- Mächtige Nachbarstaaten wie Assyrien drängten in die Region, was am Ende zur Zerstörung Israels führte.
- In beiden Reichen gab es Versuche, durch Reformen oder Allianzen Stabilität zu erreichen. Religionspolitisch kam es immer wieder zu Vermischungen mit fremden Göttern.
- Die Propheten spielten eine Schlüsselrolle, indem sie Ungerechtigkeit, Götzendienst und falsche Sicherheit kritisierten. Sie mahnten zu Umkehr und wiesen darauf hin, dass keine politische Strategie ohne die Treue zu Gott Bestand hätte.

Im weiteren Verlauf der Geschichte steht Juda nach dem Untergang des Nordreichs zunächst allein da. Doch bald gerät auch Juda in den Strudel der Großmachtrivalitäten zwischen Assyrien, Babylonien und Ägypten. Die folgenden Kapitel werden zeigen, wie es schließlich zur Zerstörung Jerusalems und zum babylonischen Exil kam – ein traumatisches Ereignis, das eine neue Epoche einleitete und das jüdische Selbstverständnis tief prägte.

Kapitel 11: Der Untergang des Nordreichs durch die Assyrer

Einleitung
Nachdem sich das Nordreich Israel und das Südreich Juda nach Salomos Tod getrennt hatten, entwickelte sich das Königreich Israel zunächst eigenständig. Es erlebte einige Blütephasen, beispielsweise unter der Omri-Dynastie und später unter Jerobeam II. Dennoch war es politisch oft instabil, da Könige durch Verschwörungen oder Putschversuche gestürzt wurden.
Gleichzeitig erstarkte östlich von Israel eine neue Großmacht: Assyrien. Dieses Reich dehnte sich im 9. und 8. Jahrhundert v. Chr. immer weiter westwärts aus. Die assyrischen Könige betrieben eine offensive Expansionspolitik und setzten auf brutale Kriegsführung, um Vasallenstaaten zu unterwerfen. Das Nordreich Israel war in dieser Phase außenpolitisch geschwächt, obwohl es zeitweise versuchte, die assyrische Vorherrschaft durch Tributzahlungen zu vermeiden.
In diesem Kapitel betrachten wir, wie es genau zum Untergang des Nordreichs kam. Wir beleuchten die letzten Könige Israels, die Konflikte mit Assyrien und die Belagerung von Samaria. Schließlich sehen wir, wie diese Ereignisse die Menschen im Land prägten und zu Deportationen und einer weitreichenden Neuordnung führten. Dieser Abschnitt der Geschichte markiert einen tiefen Einschnitt, der lange in Erinnerung bleiben sollte.

11.1 Hintergrund: Die wachsende Macht Assyriens

Um die Eroberung des Nordreichs besser zu verstehen, lohnt ein Blick auf Assyrien. Dieses Reich im Gebiet des heutigen Nordirak existierte bereits seit Jahrhunderten und hatte zeitweise große Teile Mesopotamiens beherrscht. Nach einigen Phasen der Schwäche setzte im 9. Jahrhundert v. Chr. eine neue Expansion ein.

11.1.1 Erste Expansionszüge
Unter Königen wie Assur-nasirpal II. und Schalmaneser III. eroberte Assyrien umliegende Territorien. Man baute ein effizientes Steuersystem auf und unterwarf Völker zu Tributleistungen. Die assyrischen Heere waren für ihre militärische Organisation und rücksichtslose Kriegsführung gefürchtet. Man

errichtete befestigte Garnisonen, siedelte Beamte in eroberten Städten an und praktizierte bei Widerstand gerne Deportationen, um lokalen Adel zu entmachten und Gebiete rasch zu befrieden.

11.1.2 Politische Ziele
Den assyrischen Herrschern ging es nicht nur um Ruhm, sondern auch um wirtschaftliche Interessen. Das fruchtbare „Land der Mitte" (die Levante) bot Handelsrouten und Rohstoffe. Wer sich Assyrien nicht freiwillig unterwarf, wurde mit Militärkampagnen bestraft. Die assyrische Annalenliteratur beschreibt detailliert, wie Städte erobert, niedergebrannt und Bevölkerungsschichten verschleppt wurden, wenn sie sich widersetzten.

11.1.3 Assyrische Einflussnahme auf Israel
Das Nordreich Israel geriet im 9. Jahrhundert v. Chr. erstmals ernsthaft in Berührung mit Assyrien. Zu Beginn zahlte Israel häufig Tribute, um sich kurzfristig Frieden zu erkaufen. Doch die wechselnden Herrscher Israels waren in internen Krisen gefangen, sodass sie keine beständige Abwehrpolitik entwickeln konnten. Manche Könige wollten sich Assyrien entziehen, andere suchten temporäre Bündnisse mit Aram-Damaskus oder Ägypten. All dies erhöhte die Instabilität und führte schließlich zum Untergang.

11.2 Politische Schwankungen im Nordreich Israel

Während Juda im Süden über lange Zeit vom Haus David regiert wurde, erlebte Israel im Norden häufige Dynastiewechsel. Diese innere Schwäche erleichterte es Assyrien, einen günstigen Moment für den entscheidenden Schlag abzuwarten.

11.2.1 Nach Jerobeam II.
Eine wichtige Phase war die Regentschaft Jerobeams II. (ca. 8. Jahrhundert v. Chr.). Unter ihm und dank einer relativen Schwächephase Assyriens genoss Israel noch einmal wirtschaftlichen Aufschwung. Doch nach Jerobeams Tod folgte ein rapide Machtverfall. Innerhalb weniger Jahre gab es mehrere Könige: Zecharja, Schallum, Menahem, Pekachja und Pekach – einige von ihnen regierten nur wenige Monate.

11.2.2 Soziale Ungleichheit und Prophetenwarnungen
Die Propheten Amos und Hosea kritisierten in dieser Zeit scharf die

herrschenden Klassen. Der Wohlstand erreichte nur eine kleine Oberschicht. Viele Bauern und einfache Leute litten unter hoher Abgabenlast und Willkür. Hosea warnte, dass dieser Götzendienst und die Vernachlässigung des Bundes mit Gott zum Untergang führen würden.

11.2.3 Bündnispolitik und Verrat

Israel versuchte immer wieder, Anti-Assyrische Koalitionen zu formen, meist in Zusammenarbeit mit Aram-Damaskus. Doch innerer Zwist machte eine einheitliche Strategie unmöglich. Manche Könige (z. B. Menahem) bezahlten Tribut an Assyrien, andere (wie Pekach) rebellierten offen. Dieses Hin und Her schwächte Israel zusätzlich und machte es für Assyrien berechenbar.

11.3 Letzte Könige und der Weg in den Konflikt mit Assyrien

Zu den entscheidenden Herrschern kurz vor dem Fall des Nordreichs gehören Pekach und sein Nachfolger Hoschea. Ihre Regierungszeiten fielen in eine Phase, in der die assyrischen Könige Tiglat-Pileser III. und anschließend Salmanassar V. die Levante systematisch unterwarfen.

11.3.1 Pekach und der syrisch-ephraimitische Krieg

Pekach regierte Israel und suchte ein Bündnis mit Aram gegen Assyrien. Dies führte zum sogenannten syrisch-ephraimitischen Krieg, in den auch das Südreich Juda hineingezogen wurde. Juda stand damals unter König Ahas, der lieber die Hilfe Assyriens suchte, als sich an der Koalition gegen Assyrien zu beteiligen. Das Nordreich war in diesem Krieg so gefordert, dass Pekach schließlich von einem Offizier namens Hoschea gestürzt wurde.

11.3.2 Hoschea als letzter König Israels

Hoschea kam vermutlich um 732 v. Chr. an die Macht. Assyrien beherrschte bereits große Teile nördlich von Israel und hatte Aram-Damaskus zerstört. Hoschea zahlte zunächst Tribut an Assyrien, um die Situation zu stabilisieren. Doch später versuchte er, eine Allianz mit Ägypten einzugehen, was Assyrien als Verrat betrachtete. Das war der Auslöser für die letzte assyrische Offensive gegen Israel.

11.4 Die Belagerung von Samaria (724–722 v. Chr.)

Samaria war die Hauptstadt des Nordreichs, auf einem Hügel gelegen und gut befestigt. Als Hoschea den Tribut verweigerte und Kontakte zu Ägypten knüpfte, marschierten die assyrischen Truppen unter Salmanassar V. gegen Israel. Hoschea wurde gefangen genommen, und Samaria sah sich einer längeren Belagerung ausgesetzt.

11.4.1 Strategische Ausgangslage
Samaria verfügte über Mauern und Vorräte, doch das Umland konnte von den assyrischen Truppen kontrolliert werden. Es war für die Stadt kaum möglich, Unterstützung von außerhalb zu erhalten. Ägypten half nicht wirklich, da es keine ausreichende Machtprojektion gegen Assyrien in diesem Gebiet hatte. Die Belagerung zog sich über etwa zwei bis drei Jahre hin.

11.4.2 Wechsel auf dem assyrischen Thron
Inmitten der Belagerung starb Salmanassar V. Sein Nachfolger Sargon II. übernahm das Kommando und führte die Belagerung zu Ende. Laut assyrischen Inschriften eroberte er Samaria im Jahr 722 v. Chr. (manche Datierungen setzen auch 721 v. Chr. an). Damit endete das Nordreich Israel als souveräner Staat.

11.4.3 Fall der Stadt
Als Samaria schließlich fiel, kam es zu Plünderungen und zur Verschleppung wichtiger Teile der Bevölkerung. Die Oberschicht, Beamte, Handwerker und Krieger sollten in anderen Regionen des assyrischen Reiches angesiedelt werden, damit keine lokalen Widerstandsherde zurückblieben. Gleichzeitig siedelten die Assyrer fremde Völker in das Gebiet von Samaria um, was zur späteren Bildung einer Mischbevölkerung führte.

11.5 Deportationen und Umsiedlungen

Die assyrische Praxis, eroberte Völker zwangsumzusiedeln, hatte mehrere Ziele:

1. **Zerschlagung lokaler Eliten**: Wenn die Führungsschicht in der Fremde war, brach die politische Struktur zusammen.
2. **Vermeidung von Aufständen**: Ein zersplittertes Volk hatte weniger Möglichkeiten, gemeinsam zu revoltieren.

3. **Integration ins assyrische Reich**: Deportierte Personen sollten als Arbeitskräfte in anderen Provinzen dienen.

11.5.1 Die „Zehn Stämme" Israels
Viele Angehörige der nördlichen Stämme Israels wurden weggeführt und tauchten historisch nicht mehr geschlossen auf. Spätere Traditionen sprechen von den „verlorenen Zehn Stämmen", da Juda und Benjamin als Südstämme übrig blieben (zuzüglich einiger Leviten und Überreste aus dem Norden, die ins Südreich flohen). Diese Idee von „verlorenen Stämmen" blieb ein starkes Motiv in der jüdischen Überlieferung und befeuerte manch eine Legende.

11.5.2 Neue Siedler und die Entstehung der Samariter
Um das entvölkerte Gebiet effizient zu nutzen, siedelten die Assyrer fremde Gruppen dort an, vermutlich aus Mesopotamien oder Syrien. Diese Menschen vermischten sich mit den übriggebliebenen Israeliten. Daraus entwickelte sich eine Gemeinschaft, die später als Samariter in Erscheinung trat und im Judentum als religiös „gemischt" galt. Die Bibel berichtet, dass diese Gruppen Jahwe verehrten, aber auch ihre eigenen Götter mitbrachten.

11.6 Das Ende des Nordreichs: Politische und religiöse Folgen

Mit dem Fall Samarias war der Staat Israel vernichtet. Politisch bedeutete das, dass nur noch das Südreich Juda unter dem Haus David als unabhängige israelitische Monarchie fortbestand. Religionspolitisch ergaben sich weitreichende Konsequenzen.

11.6.1 Verlust des gemeinsamen Erbes
Früher war das Land Israel (im weiteren Sinn) auf die Idee einer gemeinsam vom Gott Jahwe geführten Nation gegründet. Jetzt existierte nur noch Juda als souveräne Davids-Dynastie. Für die Südreichler war das ein Beleg dafür, dass Gottes Verheißung an David Gültigkeit hatte, während das Nordreich wegen Götzendienstes untergegangen sei.

11.6.2 Propheten als Deuter der Katastrophe
Propheten wie Hosea sahen im Untergang Israels das Gericht Gottes. Sie verkündeten, dass der Bund mit Gott Treue verlange und dass Sünde, Götzendienst und soziale Ungerechtigkeit zwangsläufig zum Verderben führten. Diese Sichtweise prägte später auch das theologische Denken im Südreich. Man

war überzeugt, dass Wohl und Wehe des Volkes eng mit der Einhaltung der Gebote Gottes verknüpft sei.

11.6.3 Kulturelle Verschmelzung

Israel hatte eine reiche Kultur, eigene Traditionen und Feste. Mit dem Untergang wurden viele dieser Traditionen entweder ausgelöscht oder flossen in umliegende Völker ein. Einige Geflohene gingen nach Juda und brachten dort ihre Gebräuche mit. So fand eine allmähliche Verschmelzung im Süden statt, was das religiöse Leben und auch die schriftlichen Überlieferungen beeinflusste.

11.7 Die Lage Judas nach dem Nordreich-Fall

Das Südreich Juda blieb zwar bestehen, doch es war fortan ein Vasall Assyriens. Es musste Tribute zahlen und teils assyrische Kulte dulden oder zumindest nicht offen bekämpfen.

11.7.1 Angst vor demselben Schicksal

Die Machthaber in Jerusalem sahen, wie rasch das Nordreich gefallen war. Dies erzeugte Furcht, dass es Juda ähnlich ergehen könnte. In der folgenden Zeit unternahmen einzelne Könige Judas Versuche, sich von der assyrischen Oberherrschaft zu lösen, was allerdings großen Mut oder Leichtsinn erforderte – je nach Ansicht.

11.7.2 Flüchtlingsstrom nach Juda

Viele Bewohner des Nordreichs, vor allem aus Gebieten nahe der Grenze zu Juda, flohen in den Süden, bevor oder während die assyrischen Truppen das Land eroberten. Jerusalem wuchs dadurch an Bevölkerung, was unter anderem in archäologischen Funden von Wohnvierteln sichtbar werden könnte. Diese Zuwanderung trug dazu bei, dass sich das Bewusstsein für die gemeinsame Geschichte der „Brüdervölker" in Juda erhielt, auch wenn das Nordreich faktisch nicht mehr existierte.

11.8 Die assyrische Provinz Samaria

Nach der Eroberung richteten die Assyrer in Israel eine Provinz ein, die sie fortan direkt verwalteten. Ein Statthalter überwachte das Gebiet, sorgte für Steuereinnahmen und hielt die Bevölkerung unter Kontrolle.

11.8.1 Verwaltung und Militär
Assyrien war bekannt für seine effiziente Provinzorganisation. Beamte sammelten Abgaben in Naturalien und Silber. Einheimische Eliten konnten manchmal geringe Positionen behalten, wenn sie loyal waren. Befestigte Garnisonen sicherten strategische Punkte.

11.8.2 Langfristige Folgen
Das einstige Königreich Israel existierte nur noch in Form einer assyrischen Verwaltungseinheit. Die Identität der dortigen Bewohner veränderte sich allmählich. Der Begriff „Israel" blieb im religiösen und kulturellen Gedächtnis bestehen, aber politisch war er ausgelöscht.

11.9 Archäologische Funde zur Zerstörung und Deportation

Archäologen haben Spuren der assyrischen Eroberung gefunden, etwa Zerstörungsschichten in einigen nördlichen Städten. Auch die Inschriften der assyrischen Könige schildern, wie viele Menschen deportiert wurden.

11.9.1 Annalen des Sargon II.
Sargon II. rühmt sich in seinen Königsannalen, Samaria erobert und 27.290 Einwohner deportiert zu haben. Ob diese Zahl exakt stimmt, ist unklar, aber es zeigt die Dimension. Anderswo wird erwähnt, dass man die Stadt neu besiedelt habe, um einen geregelten Tributfluss zu gewährleisten.

11.9.2 Hinweise in Samaria
Ausgrabungen in Samaria legen nahe, dass es im späten 8. Jahrhundert v. Chr. zu einer kriegerischen Zerstörung kam, gefolgt von einem Umbau. Einige Gebäude weisen Merkmale assyrischer Architektur auf, was auf eine direkte Einflussnahme hindeutet.

11.10 Theologische Deutung und Erinnerungskultur

Der Untergang des Nordreichs hat in der biblischen Überlieferung eine starke theologische Deutung erfahren. Die Bücher der Könige, der Propheten (besonders Hosea und Amos) sowie spätere Schriften erklären die Katastrophe als Konsequenz des Ungehorsams gegenüber Gott.

11.10.1 „Das Volk hat gesündigt"
Die Bibel argumentiert, Israel habe sich fremden Göttern zugewandt, soziale Gerechtigkeit vernachlässigt und Propheten ignoriert. Man könne deshalb nicht Gott die Schuld geben, sondern müsse in den eigenen Verfehlungen den Grund für die Strafe sehen.

11.10.2 Bedeutung für Juda
Im Südreich verfestigte sich die Vorstellung, dass die David-Dynastie und der Jerusalemer Tempel ein besonderer Garant für den Fortbestand seien. Man war sich aber bewusst, dass dieselben Sünden auch das Südreich treffen könnten. So entstanden reformatorische Bewegungen in Juda, die sich wieder strikt auf Jahwe besinnen wollten.

11.10.3 Spätere Reflexion
Nach der Zeit des babylonischen Exils (siehe nächstes Kapitel) blieben die Ereignisse um das Nordreich im kollektiven Gedächtnis präsent. Die Frage, was mit den „verlorenen" Nordstämmen geschah, bewegte jüdische Denker über Jahrhunderte. Manche sahen in ihnen verirrte Gruppen, die vielleicht einst heimkehren würden.

11.11 Auswirkungen auf das Judentum im weiteren Sinne

Obwohl der Begriff „Judentum" in dieser frühen Phase so noch nicht existierte, kann man sagen, dass die Vernichtung des Nordreichs dazu beitrug, das Zentrum der israelitischen Religion zunehmend in Jerusalem zu verankern.

11.11.1 Zentralisierung des Kultes
Mit dem Wegfall von Bethel, Dan und anderen nördlichen Heiligtümern blieb Jerusalem als wichtigstes Jahwe-Heiligtum übrig. Dies beschleunigte die Entwicklung eines Fokus auf den Jerusalemer Tempel und die David-Dynastie.

11.11.2 Einfluss auf Schriftproduktion

Wahrscheinlich wanderten nach dem Fall Samarias nicht nur Menschen, sondern auch schriftliche Traditionen in den Süden. Manche Forscher vermuten, dass ein Teil der biblischen Texte, etwa ältere Prophetenworte, so in Juda bewahrt und in spätere Sammlungen eingefügt wurden. Das könnte erklären, weshalb wir heute z. B. ein Buch Hosea besitzen, obwohl es ein Prophet des Nordreichs war.

Kapitel 12: Das babylonische Exil und die Zerstörung Jerusalems

Einleitung

Das Nordreich Israel war im 8. Jahrhundert v. Chr. durch die Assyrer ausgelöscht worden. Übrig blieb das Südreich Juda, das zunächst weiterbestand und zeitweise eigene Reformen erlebte. Doch die internationale Lage war unsicher, weil Assyrien noch dominierte und später mit Babylonien eine weitere Großmacht aufstieg. Juda befand sich zwischen den Fronten und musste Tribut an wechselnde Herren zahlen.

Mit dem Ende des 7. Jahrhunderts v. Chr. verlor Assyrien an Einfluss, und das neubabylonische Reich erstarkte unter Königen wie Nabopolassar und dessen Sohn Nebukadnezar II. Es kam zu mehreren Konflikten in der Levante, und schließlich wurde Juda zum Spielball zwischen Ägypten und Babylon. Als die Könige Judas versuchten, sich aus babylonischer Abhängigkeit zu lösen, kam es zum offenen Konflikt. Dieser endete im Jahr 586 v. Chr. mit der Zerstörung Jerusalems, der Niederbrennung des Tempels und der Deportation großer Teile der Bevölkerung nach Babylonien.

Dieses Kapitel befasst sich mit den Ereignissen, die zum Zusammenbruch Judas führten. Wir betrachten die Rolle der Propheten Jeremias und Ezechiel, die politischen Fehlentscheidungen der Könige und die traumatische Erfahrung des Exils, die das Volk nachhaltig prägte. Wir bleiben in der Geschichte und vermeiden moderne Bezüge.

12.1 Die Großmächte des 7. Jahrhunderts v. Chr.

Nachdem Assyrien im 8. Jahrhundert v. Chr. weite Teile des Nahen Ostens beherrscht hatte, begann um 630–620 v. Chr. ein Wandel. Innere Probleme und ein Zusammenschluss feindlicher Kräfte schwächten Assyrien.

12.1.1 Aufstieg Babylons

In Mesopotamien erhob sich die Stadt Babylon unter König Nabopolassar gegen die Assyrer. Unterstützt von medischen Stämmen im Osten gelang es, die assyrische Hauptstadt Ninive um 612 v. Chr. zu erobern. Assyrien hörte auf, eine eigenständige Großmacht zu sein. An seine Stelle trat das neubabylonische Reich, das schnell Gebiete in Syrien und Palästina beanspruchte.

12.1.2 Rolle Ägyptens

Ägypten, das sich im 7. Jahrhundert v. Chr. zwischenzeitlich wieder stabilisiert hatte, sah in der Schwächung Assyriens eine Gelegenheit, seinen Einfluss in der Levante auszuweiten. Pharao Necho II. zog mit seinen Truppen nach Norden, um Teile Syriens oder Palästinas zu besetzen. Juda lag genau in dieser Zone, in der sich Babylon und Ägypten gegenüberstanden.

12.2 Juda zwischen Ägypten und Babylonien

Das Südreich Juda hatte in den Jahrzehnten nach dem Untergang Israels eine gewisse Eigenständigkeit beibehalten, war jedoch abhängig von der jeweiligen Großmacht. Unter König Josia (Ende 7. Jahrhundert v. Chr.) kam es zu einer bedeutenden Reformbewegung, die religös motiviert war.

12.2.1 Josias Reformen

Josia (ca. 640–609 v. Chr.) führte Kultreformen durch, ließ fremde Kulte beseitigen und konzentrierte den Gottesdienst auf den Jerusalemer Tempel. Diese Erneuerung war von Propheten wie Zephanja und wohl auch von Teilen der priesterlichen Elite unterstützt. Josia nutzte zudem die Schwäche Assyriens, um ehemals nordisraelitische Gebiete zeitweise wieder unter seine Kontrolle zu bringen.

12.2.2 Josias Tod bei Megiddo (609 v. Chr.)

Als Pharao Necho II. nach Norden zog, versuchte Josia, ihn bei Megiddo (im Norden Palästinas) aufzuhalten. Dabei fand Josia den Tod. Diese Schlacht markierte das Ende der Unabhängigkeitspläne Judas. Josias Sohn Joahas regierte nur kurz, bevor die Ägypter ihn absetzten und stattdessen Jojakim als Vasallenkönig einsetzten.

12.3 Die Könige Jojakim, Jojachin und Zedekia

Unter ägyptischer Oberherrschaft regierte zunächst Jojakim (609–598 v. Chr.). Kurz darauf wandelte sich die politische Konstellation erneut, weil das neubabylonische Reich unter Nebukadnezar II. Ägypten zurückdrängte. Juda musste sich rasch umorientieren.

12.3.1 Jojakims wechselnde Loyalitäten

Jojakim versuchte, die Tribute mal an Ägypten, mal an Babylonien zu zahlen, je nachdem, welche Macht gerade näher und bedrohlicher erschien. Das führte jedoch zu keinem stabilen Verhältnis. Als Nebukadnezar II. 605 v. Chr. bei Karkemisch die Ägypter besiegte, war klar, dass Babylon jetzt die bestimmende Kraft sein würde. Jojakim geriet zunehmend in Bedrängnis, weil er sich nicht eindeutig für Babylon entschied.

12.3.2 Erste Belagerung Jerusalems (598/597 v. Chr.)

Nebukadnezar reagierte auf Jojakims Unzuverlässigkeit mit einem Feldzug gegen Juda. Während dieser Krise starb Jojakim. Sein Sohn Jojachin trat die Herrschaft an, doch Babylon nahm Jerusalem nach kurzer Belagerung ein (597 v. Chr.). Jojachin wurde abgesetzt und mit vielen Angehörigen der Oberschicht nach Babylon deportiert. Nebukadnezar setzte Zedekia, einen Onkel Jojachins, als Vasallenkönig ein.

12.4 Die Herrschaft Zedekias (597–586 v. Chr.)

Zedekia war der letzte König von Juda. Er regierte in einer sehr angespannten Lage. Einerseits musste er Babylon Tribute leisten und die babylonische Oberhoheit anerkennen. Andererseits gab es Gruppierungen in Juda, die Ägypten für den richtigen Bündnispartner hielten und den Widerstand gegen Babylon predigten.

12.4.1 Politische Intrigen und prophetische Mahnungen

In dieser Zeit trat der Prophet Jeremia besonders hervor. Er riet Zedekia eindringlich, die babylonische Oberherrschaft zu akzeptieren und keine Revolte zu wagen. Andere Propheten und Adlige dagegen wollten sich auf Ägypten stützen. Zedekia war hin- und hergerissen, wagte am Ende aber doch den Aufstand gegen Babylon, als er auf ägyptische Hilfe hoffte.

12.4.2 Ausbruch des Aufstands

Der genaue Zeitpunkt ist unklar, doch vermutlich um 589 v. Chr. stellte Zedekia den Tribut ein und suchte Bündnisse gegen Babylon. Nebukadnezar reagierte sofort mit einem neuerlichen Feldzug. Die babylonischen Truppen rückten nach Juda vor und belagerten erneut Jerusalem.

12.5 Die Zerstörung Jerusalems (586 v. Chr.)

Die Belagerung Jerusalems dauerte laut biblischem Bericht etwa eineinhalb Jahre. Die Stadtbevölkerung litt unter Hunger und Krankheiten. Obwohl sich die Verteidiger lange hielten, konnte keine Hilfe von außen durch Ägypten erwartet werden.

12.5.1 Fall der Stadt
Im Sommer 586 v. Chr. durchbrachen babylonische Soldaten die Mauern. Zedekia versuchte, zu fliehen, wurde jedoch gefasst. Man richtete seine Söhne vor seinen Augen hin und blendete ihn anschließend. Danach brachte man ihn in Ketten nach Babylon.

12.5.2 Zerstörung des Tempels und der Stadt
Die Babylonier legten Feuer an den Tempel, den Königspalast und andere bedeutende Gebäude. Auch Teile der Stadtmauer wurden niedergerissen. Damit wollte Nebukadnezar alle Symbole königlicher und religiöser Autonomie Judas vernichten. Die Stadt, die seit Davids Zeit das politische und religiöse Zentrum gewesen war, lag in Trümmern.

12.5.3 Weitere Deportationen
Ein großer Teil der Oberschicht, Beamte, Handwerker und Priester wurde nach Babylon gebracht. Nur ärmere Bevölkerungsteile ließ man im Land, um Felder zu bestellen und den Wein- und Ackerbau fortzuführen. Babylon war an einer totalen Verwüstung nicht interessiert, sondern an Tribut und wirtschaftlicher Ausbeutung. Dennoch bedeutete diese Deportation für Juda einen Aderlass, da viele Führungspersönlichkeiten verschwanden.

12.6 Das babylonische Exil

Mit der Zerstörung Jerusalems begann eine Phase, die als „babylonisches Exil" oder „Verbannung" bezeichnet wird. Viele Judäer lebten fortan im Gebiet Babyloniens. Sie mussten sich dort organisieren und ihre Identität wahren.

12.6.1 Leben in der Fremde
Die in Babylonien angesiedelten Deportierten bekamen Gebiete zugewiesen, in denen sie Landwirtschaft betreiben oder Handwerke ausüben konnten. Sie waren keine Sklaven im engeren Sinn, aber sie standen unter Kontrolle babylonischer Beamter und hatten keine politische Autonomie.

12.6.2 Religionsausübung ohne Tempel
Besonders einschneidend war der Verlust des Tempels. Da das Zentrum der Gottesverehrung zerstört war, mussten die Judäer im Exil neue Formen der Frömmigkeit entwickeln. Man versammelte sich zum Gebet, zum Studium der Heiligen Schriften und zur Bewahrung der Tradition. Diese Praxis kann als Vorläufer der späteren Synagogenkultur betrachtet werden.

12.6.3 Die Rolle des Propheten Ezechiel
Ezechiel wirkte als Prophet unter den Exilierten in Babylon. Er vermittelte ihnen, dass die Zerstörung Jerusalems eine Strafe Gottes für den Ungehorsam war, doch zugleich gab er Hoffnung auf eine künftige Wiederherstellung. Visionen vom „neuen Tempel" und der „Auferstehung der Totengebeine" sind zentrale Bilder in seinem Buch.

12.7 Judäer im verödeten Land

Nicht alle Bewohner Judas wurden deportiert. Ein Teil der Landbevölkerung blieb zurück, darunter einfache Bauern, Hirten und Tagelöhner. Manche Gebiete wurden in eine babylonische Provinz integriert, unter der Verwaltung eines Statthalters.

12.7.1 Gedalja als Statthalter
Die Babylonier setzten einen Judäer namens Gedalja als Statthalter in Mizpa ein, einer Stadt nördlich von Jerusalem. Er sollte die Reste des Landes verwalten und für Ruhe sorgen. Jeremia, der Prophet, blieb im Land und stellte sich unter Gedaljas Schutz.

12.7.2 Mord an Gedalja und Chaos
Doch gedemütigte Militärs, die vor Babylon geflohen waren, übten Widerstand. Gedalja wurde ermordet, woraufhin viele der Zurückgebliebenen in Panik nach Ägypten flohen, weil sie Vergeltung der Babylonier fürchteten. Diese Flucht zerriss weitere Strukturen in Juda und verschlimmerte das Chaos.

12.8 Theologische Bedeutung des Exils

Das babylonische Exil war nicht nur ein politisches Ereignis, sondern auch eine tiefe Glaubenskrise. Man hatte lange geglaubt, dass Jerusalem wegen des Tempels unzerstörbar sei und das Haus David für immer Bestand habe.

12.8.1 Hinterfragen alter Gewissheiten
Mit der Niederlage zeigte sich, dass solche Vorstellungen zu simpel waren. Die Frage, wie ein guter Gott sein Volk ausgerechnet in die Hand der Babylonier fallen lassen konnte, stellte sich dringlich. Die Propheten Jeremia und Ezechiel betonten, dass das Gericht über Juda gerecht sei, da Könige und Volk seit Generationen Gottes Weisungen missachtet und andere Götter verehrt hatten.

12.8.2 Keim einer neuen Identität
Gleichzeitig keimte im Exil die Hoffnung auf eine Wiederherstellung. Diese Hoffnungsbotschaft wurde zum Kern einer neuen Identität. Man erkannte, dass Gottes Gegenwart nicht an einen Ort gebunden ist und dass man den Glauben auch ohne Tempel aufrechterhalten kann. In späteren Zeiten wurde dieser Erkenntnisschub für das Judentum prägend.

12.9 Prophetenstimmen: Jeremia, Ezechiel und Deuterojesaja

Verschiedene Propheten begleiteten das Volk in dieser Krise. Ihre Botschaften halfen, das Unbegreifliche zu deuten und Perspektiven für die Zukunft zu entwickeln.

12.9.1 Jeremia
Jeremia wirkte vor und während der Zerstörung. Er warnte, dass Widerstand gegen Babylon zum Untergang führe. Nach 586 v. Chr. blieb er zunächst im Land, musste dann aber unfreiwillig nach Ägypten ziehen. Seine Worte sind im Jeremiabuch überliefert und betonen, dass Gott einen „neuen Bund" ins Herz der Menschen schreiben werde.

12.9.2 Ezechiel
Ezechiel stammte aus einer Priesterfamilie und wurde 597 v. Chr. in der ersten Deportation nach Babylon verschleppt. Dort erhielt er seine prophetischen Visionen. Er sah die Herrlichkeit Gottes den zerstörten Tempel verlassen, aber er

sah auch die künftige Rückkehr Gottes in einen neuen Tempel. Seine Botschaft verband Gericht und Hoffnung.

12.9.3 Deuterojesaja

Das Buch Jesaja enthält in den Kapiteln 40–55 Texte, die erst in der Exilszeit oder kurz danach entstanden und häufig „Deuterojesaja" genannt werden. Diese Texte sprechen von einem kommenden Trost, vom „Knecht Gottes" und davon, dass Gott sein Volk aus Babylon befreien werde. Es sind Worte voll Ermutigung, die zur zentralen Stütze für die Exilierten wurden.

12.10 Ende des babylonischen Exils: Ausblick auf die persische Zeit

Das Exil endete nicht durch einen Aufstand der Judäer, sondern durch den Aufstieg einer neuen Großmacht: Persien. Um 539 v. Chr. eroberte der Perserkönig Kyros II. Babylon. Er verfolgte eine andere Politik gegenüber den unterworfenen Völkern und erlaubte vielen Verschleppten die Rückkehr in ihre Heimat.

12.10.1 Kyros' Edikt

Nach der Einnahme Babylons gab Kyros den Judäern die Freiheit, nach Jerusalem zurückzukehren und den Tempel wiederaufzubauen. Dies leitete eine neue Epoche ein, die man oft als „nachexilische Zeit" bezeichnet. Viele Exilierte kehrten heim, jedoch nicht alle. Die jüdische Diaspora blieb bestehen.

12.10.2 Bedeutung für das Judentum

Mit dem Wiederaufbau des Tempels in Jerusalem begann eine neue Phase, in der der Kult neu organisiert und die Tora als Grundlage des Gemeinschaftslebens intensiviert wurde. Hier liegt ein Kernpunkt: Das Trauma des Exils hatte eine tiefe Erneuerung des Glaubens zur Folge. Man formulierte Gesetzestexte, zog Lehren aus der Geschichte und entwickelte ein starkes Identitätsbewusstsein als Volk des einen Gottes.

12.11 Zusammenfassung der Ereignisse

- **Politische Hintergründe**: Der Niedergang Assyriens und das Aufkommen des neubabylonischen Reiches veränderten die Machtbalance. Juda geriet in den Konflikt zwischen Babylon und Ägypten.
- **Könige Judas**: Nach Josias Tod agierten Jojakim, Jojachin und Zedekia unglücklich und konnten keine stabile Politik gegenüber Babylon gestalten.
- **Zerstörung Jerusalems**: 586 v. Chr. wurde die Stadt erobert und der Tempel zerstört. Viele Judäer, besonders die Elite, kamen ins Exil.
- **Das Leben im Exil**: Die Judäer mussten sich in Babylon einrichten, neue Formen der Gottesverehrung pflegen und die Hoffnung auf Rückkehr bewahren.
- **Die Rolle der Propheten**: Jeremia, Ezechiel und andere deuteten das Geschehen als göttliches Gericht, boten aber auch Visionen für einen Neuanfang.
- **Ende des Exils**: 539 v. Chr. eroberte der Perserkönig Kyros Babylon und erlaubte die Rückkehr. Damit begann eine neue Ära in der Geschichte Israels.

Kapitel 13: Rückkehr aus dem Exil und Wiederaufbau

Einleitung

Das babylonische Exil markierte eine tiefe Zäsur in der Geschichte Judas. Nach der Zerstörung Jerusalems (586 v. Chr.) und der Deportation großer Teile der Führungsschicht schien die politische Existenz des Volkes beendet. Doch in Babylon entwickelte sich bei vielen Exilierten der Wunsch nach Rückkehr in die Heimat. Diese Hoffnung wurde erfüllt, als der Perserkönig Kyros II. Babylon eroberte und eine Politik der Religionsfreiheit betrieb, die auch eine Rückkehr für jüdische Exilierte ermöglichte. In diesem Kapitel schildern wir, wie es zum Wiederaufbau Jerusalems und des Tempels kam, wer dabei federführend war und vor welchen Herausforderungen die zurückkehrenden Gruppen standen. Wir betrachten zudem die Rolle der Propheten Haggai und Sacharja sowie die Konflikte mit den Nachbarn, die den Neuaufbau erschwerten.

13.1 Die Eroberung Babylons durch Kyros II. (539 v. Chr.)

Als Nebukadnezar II. starb, verlor das neubabylonische Reich allmählich an Stabilität. Innere Konflikte und schwächere Nachfolger öffneten dem Perserreich unter Kyros II. den Weg nach Mesopotamien. 539 v. Chr. gelang es Kyros, Babylon einzunehmen. Diese Eroberung war für die Judäer im Exil ein Wendepunkt.

13.1.1 Politik der Toleranz

Kyros II. ging anders vor als die Assyrer und Babylonier. Während diese Mächte oft Deportationen und harte Unterdrückung nutzten, verfolgte Persien eine Strategie, die man heute als vergleichsweise tolerant bezeichnen kann. Kyros stellte sich als Befreier dar und erlaubte verschiedenen Volksgruppen, in ihre Heimat zurückzukehren und ihre Gottheiten zu verehren. Bei den Judäern traf er damit auf offene Ohren, denn sie sehnten sich nach Jerusalem und dem Wiederaufbau des Tempels.

13.1.2 Das Kyros-Edikt

Der biblische Bericht (Esra 1) schildert ein Edikt des Königs Kyros, das die Rückkehr der Judäer offiziell erlaubte. Ob dieses Edikt in der exakten Form überliefert wurde oder ob es eine Zusammenfassung war, ist in der Forschung umstritten. Dennoch gilt als sicher, dass Kyros den Wiederaufbau zahlreicher Heiligtümer in seinem neuen Reich genehmigte – darunter auch den Tempel in Jerusalem.

13.1.3 Beginn einer neuen Epoche

Mit diesem Edikt endete für viele Judäer formal die Zeit des Exils. Praktisch kehrten jedoch nicht alle sofort in ihre Heimat zurück. Man hatte sich in Babylon eingerichtet; es gab bereits Familien, Häuser und Geschäfte. Manche blieben in der Diaspora, weil sie sich dort eine bessere Zukunft erhofften. Dennoch machten sich einige Gruppen auf den beschwerlichen Weg zurück nach Juda, motiviert von der Vision, das heilige Land erneut zu besiedeln.

13.2 Der erste Rückkehrer-Zug unter Serubbabel und Jeschua

Die biblischen Bücher Esra und Nehemia berichten von mehreren Rückkehrwellen. Eine der ersten großen Gruppen stand unter der Führung von Serubbabel (einem Nachkommen des Königshauses David) und dem Hohepriester Jeschua (auch Jesua geschrieben).

13.2.1 Serubbabel – ein davidischer Nachfahre

Serubbabel galt als Spross aus der Linie Davids. Das nährte die Hoffnung, dass eventuell ein neues Königtum entstehen könnte. Tatsächlich sahen manche Propheten in ihm eine Art messianische Figur. Allerdings blieb Juda unter persischer Herrschaft, sodass Serubbabel nie als unabhängiger König regierte. Er war eher ein Statthalter oder Gouverneur im Auftrag Persiens.

13.2.2 Jeschua – Wiederaufbau des Priestertums

Als Hohepriester hatte Jeschua die Aufgabe, den Opferkult neu zu organisieren. Der Tempel war zerstört, doch das Priesteramt war in vielen Familien weiter tradiert worden. Für die religiöse Identität der zurückgekehrten Judäer war die Erneuerung des Tempeldienstes zentral. Jeschua kümmerte sich um die priesterlichen Gewänder, die Einteilung der Priesterklassen und andere kultische Fragen.

13.2.3 Erste Schritte in Jerusalem

Als diese erste Gruppe Jerusalem erreichte, fanden sie eine verwüstete Stadt vor. Mauern waren niedergerissen, Häuser zerstört oder verfallen, das Umland war nur spärlich besiedelt. Dennoch begann man, einen provisorischen Altar zu errichten, um das tägliche Opfer wiederaufzunehmen. Das war ein symbolischer Akt: Man wollte zeigen, dass Gottesdienst im Land wieder stattfinden kann, selbst wenn der Tempel noch in Trümmern lag.

13.3 Der schwierige Wiederaufbau des Tempels

Ein Hauptziel der Rückkehrer war die Wiedererrichtung des Tempels, den die Babylonier 586 v. Chr. zerstört hatten. Dabei traten jedoch vielfältige Hindernisse auf, sowohl organisatorischer als auch politischer Natur.

13.3.1 Mangel an Ressourcen
Der Tempelbau erforderte umfangreiche Baumaterialien: Steine, Holz, Metall. Juda war wirtschaftlich geschwächt, es gab nicht genug Fachkräfte oder Tiere zum Transport. Die persische Verwaltung stellte zwar Mittel zur Verfügung, doch diese reichten nicht immer aus. Zudem mussten Felder bestellt und Häuser repariert werden – der Tempelbau war nur ein Projekt unter vielen dringlichen Aufgaben.

13.3.2 Widerstand von Nachbarn
Im Land lebten inzwischen verschiedene Gruppen, darunter die später sogenannten Samariter. Diese sahen sich als Nachkommen der ehemaligen Nordreich-Israeliten und hatten eigene Vorstellungen vom Gottesdienst (z. B. ihr Heiligtum auf dem Berg Gerizim). Als die Judäer den Tempel in Jerusalem neu bauen wollten, fühlten sich manche Nachbargruppen ausgeschlossen oder bedroht. Sie richteten Schreiben an die persische Zentralverwaltung und behaupteten, die Judäer planten womöglich einen Aufstand. Infolge dieser Intrigen kam der Wiederaufbau zeitweise zum Erliegen.

13.3.3 Die Propheten Haggai und Sacharja
Während die Arbeit am Tempel stockte, traten die Propheten Haggai und Sacharja auf. Sie ermutigten Serubbabel und Jeschua, den Bau fortzusetzen. Haggai kritisierte, dass die Leute eigene Häuser errichteten, während Gottes Haus vernachlässigt wurde. Sacharja verkündete Visionen von Gottes Schutz. Beide Propheten bekräftigten, dass Gott trotz der Schwierigkeiten das Werk unterstützen würde, wenn das Volk nur entschlossen voranginge. Diese Worte motivierten die Gemeinschaft, den Tempelbau wieder aufzunehmen.

13.4 Fertigstellung des Zweiten Tempels (ca. 515 v. Chr.)

Nach einigen Jahren Unterbrechung wurde der Bau wieder aufgenommen, wohl unter erneuter persischer Genehmigung. Die Arbeiten zogen sich bis in die Zeit des Perserkönigs Dareios I. (reg. 522–486 v. Chr.) hin.

13.4.1 Offizielle Genehmigung
Esra 5–6 berichtet, dass persische Beamte die Bautätigkeiten in Jerusalem überprüften. Die Judäer verwiesen auf das frühere Edikt von Kyros. Schließlich ordnete Dareios an, den Bau zu unterstützen und gegebenenfalls Steuergelder dafür zu verwenden. Diese königliche Unterstützung stärkte die Rückkehrergemeinde und gab ihnen rechtliche Sicherheit.

13.4.2 Einweihung des Zweiten Tempels
Um 515 v. Chr. war der Tempel soweit fertiggestellt, dass ein Einweihungsfest gefeiert wurde. Zwar war dieser Zweite Tempel nicht so prächtig wie der salomonische Bau gewesen sein soll, doch für die Gemeinschaft war er ein mächtiges Zeichen der Erneuerung. Nun konnte das regelmäßige Opfer wieder gemäß den Vorschriften der Tora stattfinden.

13.4.3 Religiöser und sozialer Zusammenhalt
Der neue Tempel gab den Judäern Identität und Stolz zurück. Zugleich entstand jedoch eine Spaltung zwischen jenen, die rein aus dem Exil zurückgekehrt waren, und jenen, die die ganze Zeit im Land geblieben waren oder sich mit anderen Gruppen vermischt hatten. Der Tempel wurde zum religiösen Mittelpunkt, an dem vor allem die zurückgekehrte Priester- und Oberschicht das Sagen hatte.

13.5 Weitere Rückkehrwellen und die Gestalten Esra und Nehemia

Der Wiederaufbau des Tempels war nur eine Etappe. Im Laufe der Zeit folgten weitere Gruppen von Exilierten, die sich in Juda niederlassen wollten. Hier kommen die Persönlichkeiten Esra und Nehemia ins Spiel, die eine große Rolle bei der Stabilisierung der Gemeinschaft spielten.

13.5.1 Esra – der Schriftgelehrte und Priester
Esra war ein gelehrter Priester und Schriftkundiger. Er kam offenbar in einer späteren Rückkehrwelle (möglicherweise um 458 v. Chr., unter Artaxerxes I.)

nach Jerusalem. Der biblische Bericht hebt hervor, dass Esra von Persien beauftragt wurde, dafür zu sorgen, dass das göttliche Gesetz (die Tora) in Juda eingehalten würde. Er las der versammelten Bevölkerung aus der Tora vor, kommentierte sie und förderte eine geistige Erneuerung.

13.5.2 Nehemia – der Statthalter und Mauerbauer
Nehemia hatte einen Posten am persischen Königshof (Mundschenk). Er hörte von den schlechten Zuständen in Jerusalem, wo die Stadtmauern weiterhin teils in Trümmern lagen und die Bewohner wehrlos waren. Um 445 v. Chr. erhielt er vom König die Erlaubnis, nach Jerusalem zu reisen und die Mauern wieder aufzubauen. Nehemia organisierte den Mauerbau in Rekordzeit, trotz Widerstands von Nachbarn wie Sanballat (Samarien) und Tobija (Ammon).

13.5.3 Gemeinsame Reformen
Esra und Nehemia wirkten teils parallel in Jerusalem. Während Nehemia für die politische und militärische Stabilisierung sorgte, kümmerte sich Esra um die religiöse Festigung. Beide sorgten dafür, dass das Volk sich neu auf die Tora verpflichtete. Man feierte Feste, las gemeinsam die Gesetze und erneuerte den Bund mit Gott. Dabei kam es allerdings auch zu scharfen Maßnahmen, wie der Forderung, fremdländische Ehepartner abzuweisen, um die Reinheit der Gemeinschaft zu sichern – ein kontroverser Punkt in der Geschichte.

13.6 Konflikte um Identität und Abgrenzung

Nach dem Exil stand die Gemeinschaft vor der Frage: Wer gehört eigentlich zum „wahren Israel"? Diese Frage sorgte für Spannungen zwischen den Rückkehrern und den vor Ort Ansässigen. Auch die Nachbarvölker fühlten sich teils ausgegrenzt.

13.6.1 „Reinheit" versus Integration
Esra und Nehemia legten viel Wert auf die Einhaltung der Tora, was auch Bestimmungen zur „Reinheit" umfasste. Fremde Einflüsse galten als gefährlich. Viele Männer, die Frauen aus anderen Völkern geheiratet hatten, sollten sich laut biblischem Bericht von ihnen trennen. Das führte zu persönlichem Leid und gesellschaftlichen Rissen. Die Befürchtung war, dass fremde Kulte erneut Einzug halten könnten und das Volk wieder in die Irre geraten würde.

13.6.2 Spannungen mit den Samaritanern

Die Bewohner des nördlichen Gebiets (Samarien), die sich selbst ebenfalls als Nachfahren Israels sahen, wollten beim Tempelbau mithelfen und am Kult teilnehmen. Dies wurde jedoch von den jüdischen Rückkehrern abgelehnt, die ihnen unterstellten, nicht rein zu sein und fremde Bräuche zu pflegen. Daraus entstand eine tiefe Feindschaft, die später zum Bau eines eigenen samaritanischen Tempels auf dem Berg Gerizim führte.

13.6.3 Soziale Probleme

Neben den religiösen Fragen gab es auch soziale Spannungen. Nehemia berichtet von reichen Grundbesitzern, die arme Leute ausbeuteten und diese sogar in Schuldknechtschaft trieben. Bei Hungersnöten oder Missernten mussten sie Land verkaufen. Nehemia versuchte, solche Praktiken zu unterbinden und Schuldenerlasse durchzusetzen, um die Gemeinschaft zu stützen.

13.7 Die Bedeutung des Schriftstudiums und der Tora

Ein wichtiger Aspekt der nachexilischen Zeit ist der wachsende Einfluss der Tora als Grundlage der religiösen und sozialen Ordnung. Dieser Prozess führt allmählich zur Entstehung eines „schriftzentrierten" Judentums.

13.7.1 Öffentliches Vorlesen der Tora

Wie bereits erwähnt, initiierte Esra Versammlungen, bei denen das Volk die Tora hörte. Viele Judäer kannten die Schrift nicht oder sprachen inzwischen mehr Aramäisch als Hebräisch. Deshalb wurden Erklärungen gegeben. Dieses öffentliche Vorlesen und Auslegen förderte das Gemeinschaftsgefühl und verankerte die göttlichen Gebote im Alltagsleben.

13.7.2 Redaktion biblischer Texte

In dieser Epoche wurden verschiedene biblische Texte gesammelt, überarbeitet oder niedergeschrieben. Man geht davon aus, dass weite Teile der „fünf Bücher Mose" (Tora) ihre heutige Form in der nachexilischen Zeit erhielten. Auch geschichtliche Bücher wie Josua, Richter, Samuel und Könige wurden wohl von Autoren oder Redaktoren in Jerusalem zusammengestellt, um die Geschichte Israels unter dem Blickwinkel des Bundes mit Gott zu deuten.

13.7.3 Entstehung einer Identität als „Volk des Buches"

In den Jahrhunderten nach dem Exil entwickelte sich allmählich jene jüdische

Identität, die stark auf dem Studium und der Anwendung der Tora beruht. Zwar blieb der Tempel weiter wichtig, doch das Bewusstsein wuchs, dass Gott auch außerhalb eines Gebäudes gegenwärtig ist – eine Erkenntnis, die man aus der Exilserfahrung mitnahm. Das Land, der Tempel und das Volk blieben bedeutend, aber die Tora wurde mehr und mehr zum Herzstück des religiösen Lebens.

13.8 Politische Situation unter persischer Herrschaft

Obwohl Juda nie wieder ein souveränes Großreich wurde, genossen die Judäer unter den Persern eine gewisse Autonomie in religiösen und kulturellen Belangen.

13.8.1 Verwaltung als Provinz („Jehud") Die Perser organisierten ihre eroberten Gebiete in Satrapien und kleinere Provinzen. Juda (hebräisch oft „Jehud") war eine solche Provinz. Ein persischer Statthalter oder einheimischer Gouverneur – wie Serubbabel – verwaltete sie. Die Hauptaufgabe war, Steuern und Abgaben an den persischen Hof zu liefern. Im Gegenzug gewährte man den Judäern innere Freiheiten in Kultfragen.

13.8.2 Bündnis mit Persien
Die Judäer wussten, dass ihre Sicherheit maßgeblich von der Gunst des persischen Königs abhing. Deshalb mieden sie größere Aufstände und bemühten sich, als loyale Untertanen zu erscheinen. Persien wiederum profitierte von einer friedlichen und stabilen Provinz an der Südgrenze, die den Handelsverkehr nicht störte.

13.8.3 Keine Restauration des Königtums
Ein unabhängiges Königtum in der Linie Davids blieb aus. Die persische Administration erlaubte zwar einen Priesterstaat, aber keine monarchische Eigenständigkeit. Für die Judäer war das einerseits schmerzhaft, weil sie sich an die glanzvolle Zeit Davids und Salomos erinnerten. Andererseits konnten sie so unter dem Schutz Persiens leben, ohne direkt von Großmächten wie Ägypten oder lokalen Feinden vernichtet zu werden.

13.9 Kultureller und religiöser Aufschwung

Trotz wirtschaftlicher Schwierigkeiten wuchs in der nachexilischen Zeit ein gewisses kulturelles Leben heran. Handwerker, Bauern, Händler und Priester organisierten das Gemeinschaftsleben neu.

13.9.1 Wiederbelebung von Festen
Die großen Feste wie Passah, Wochenfest und Laubhüttenfest wurden wieder gefeiert. Da nun ein neuer Tempel in Jerusalem stand, konnte man die traditionellen Opfer und Riten wieder ausführen. Dies stärkte das Bewusstsein, zu einer gemeinsamen Geschichte zu gehören.

13.9.2 Neue literarische Aktivitäten
Neben der Redaktion der Tora entstanden wohl auch prophetische Texte, Psalmen und Weisheitsliteratur. Besonders die Propheten Haggai, Sacharja und Maleachi stammen (ganz oder in Teilen) aus dieser Phase. Sie setzen sich mit der Frage auseinander, wie Gottes Volk nach dem Exil ein gottgefälliges Leben führen soll.

13.9.3 Soziale und spirituelle Erneuerung
Es gab Versuche, die soziale Gerechtigkeit zu betonen. Man wollte wiederholt verhindern, dass Reiche die Armen unterdrücken. Auf spiritueller Ebene gewann der Glaube an einen Gott an Tiefe, der nicht nur ein lokaler Gott ist, sondern der Schöpfer der ganzen Welt und der Herr über die Geschichte aller Völker. Diese Vorstellung hatte sich besonders im Exil weiterentwickelt und prägte nun das Weltbild der nachexilischen Gemeinde.

13.10 Herausforderungen und Enttäuschungen

Nicht alle Hoffnungen erfüllten sich reibungslos. Viele Judäer erwarteten einen baldigen göttlichen Eingriff, der das Volk zu früherer Größe führen würde. Doch die Realität blieb bescheiden. Man war eine kleine Provinz, umgeben von Rivalen, und der Tempel war kein prachtvoller Bau wie unter Salomo.

13.10.1 Enttäuschung über die politische Schwäche
Einige prophezeiten, dass mit dem Wiederaufbau des Tempels das Königreich Gottes anbrechen werde. Als dies ausblieb, wuchs die Ernüchterung. Propheten wie Sacharja versuchten, diese Enttäuschung aufzufangen und betonten, dass Gottes Plan anders verlaufen könne als gedacht – und oft mehr Geduld braucht.

13.10.2 Konflikte innerhalb der Gemeinde

Auch unter den Rückkehrern gab es Streit, etwa über den Umgang mit Fremden oder über die Aufteilung von Land. Manche kehrten in der Hoffnung auf raschen Wohlstand zurück, fanden aber nur harte Arbeit und Armut vor. Diese Spannungen führten zu Neid und Missgunst, was Propheten und Leiter immer wieder zu schlichten versuchten.

13.10.3 Kampf gegen religiöse Lauheit

Nach der anfänglichen Begeisterung für den Tempelbau und die Tora kehrte bei vielen der Alltag ein. Propheten wie Maleachi klagten, dass die Priester ihre Aufgaben nachlässig erfüllen und das Volk nicht bereit ist, anständig den Zehnten zu geben. Solche Missstände ließen die Frage aufkommen, ob eine dauerhafte Umkehr überhaupt gelingen kann, wenn die Menschen wieder in alte Muster verfallen.

13.11 Gesamtblick auf die nachexilische Phase

Die Rückkehr aus dem Exil und der Wiederaufbau Jerusalems waren von hoher symbolischer Bedeutung. Nach einer traumatischen Zeit in Babylon bewies das Volk eine erstaunliche Fähigkeit zur Erneuerung. Zwar blieb das politische Gewicht Judas begrenzt, doch im religiösen Bereich setzte eine tiefgreifende Konsolidierung ein.

- **Tempel als Zentrum**: Der Zweite Tempel wurde zum Herzstück des Kultes.
- **Tora als Fundament**: Schrift und Gesetz gewannen an Bedeutung; Esra und Nehemia förderten die Ausrichtung auf die Gebote Gottes.
- **Lokale Konflikte**: Mit den Nachbarn kam es zu Spannungen, ebenso gab es innere Konflikte um Identität und Reinheit.
- **Überregionale Einflüsse**: Unter persischer Herrschaft blieb Juda zwar Vasall, profitierte aber auch vom großen Reichsgefüge, etwa beim Handelsaustausch.

Diese Entwicklungen bereiteten den Boden für die weitere Geschichte bis in die hellenistische Epoche. Nach dem Ende des Perserreichs (spätes 4. Jahrhundert v. Chr.) geriet das Land erneut unter fremde Herrschaft – diesmal von Alexanders Reich und seinen Nachfolgern. Doch das Bewusstsein, ein „Volk des Buches" zu sein, wuchs weiter. Das werden wir im nächsten Kapitel sehen, in dem es um das Leben der Juden in der persischen Zeit im Allgemeinen geht, bevor wir uns dann dem Hellenismus und seinen Herausforderungen zuwenden.

Kapitel 14: Die Persische Zeit und das Leben der Juden

Einleitung

Nachdem im vorherigen Kapitel die Rückkehr aus dem Exil und der Wiederaufbau des Tempels im Mittelpunkt standen, betrachten wir nun die persische Zeit insgesamt, die von 539 v. Chr. bis etwa 333 v. Chr. dauerte. In dieser Epoche lebten die Judäer als Teil einer riesigen, multikulturellen Monarchie. Das Perserreich erstreckte sich von Ägypten über Kleinasien bis nach Zentralasien. Wir wollen fragen: Wie war das Leben der jüdischen Gemeinschaften in Juda, in der Diaspora und unter der persischen Verwaltung? Welche Entwicklungen trugen zu einem tieferen Verständnis der Tora bei? Und wie wirkte sich die Nachbarschaft zu anderen Völkern auf Kultur und Religion aus?

14.1 Struktur und Verwaltung des Perserreichs

Das Reich der Achämeniden (so die persische Herrscherdynastie) war in Satrapien unterteilt, die jeweils von einem Satrapen (Gouverneur) regiert wurden. Die Judäer lebten in der Satrapie „Transeuphratene" oder „Abar-Nahara" (jenseits des Euphrat), die mehrere Regionen umfasste, u. a. Samaria, Juda, Idumäa und Teile der Philistergebiete.

14.1.1 Untergeordnete Verwaltungsebene

Innerhalb dieser Satrapie war Juda (biblisch „Jehud") eine Provinz, die einen lokalen Statthalter hatte. Dieser konnte aus persischen Reihen kommen oder – wie im Fall Serubbabel oder Nehemia – auch ein Jude sein, der das Vertrauen des persischen Königs genoss. Aufgabe des Statthalters war, Steuern einzuziehen, Recht und Ordnung aufrechtzuerhalten und die königlichen Erlasse auszuführen.

14.1.2 Militärische Kontrolle

Das Perserreich war zwar toleranter als seine Vorgänger, aber dennoch ein straff organisierter Staat. In wichtigen Städten gab es Garnisonen, um Aufstände zu verhindern. Man baute ein Netz von Straßen aus, das den schnellen Nachrichtenaustausch ermöglichte. So konnte die Zentralregierung in Persepolis oder Susa rasch auf regionale Unruhen reagieren.

14.1.3 Religionspolitische Toleranz

Die Perser waren relativ offen gegenüber verschiedenen Kultanlagen und Religionen im Reich. Solange die Steuern flossen und es keine Rebellion gab, durften die Völker ihre Gottheiten verehren. Für die Judäer bedeutete das: Ihr monotheistischer Glaube stieß nicht auf scharfe staatliche Verbote. Vielmehr konnte man den Tempelkult in Jerusalem fortführen, ohne direkten Druck vonseiten der Perser zu befürchten.

14.2 Der Alltag in Juda unter persischer Herrschaft

Das wiederbesiedelte Juda war landschaftlich geteilt in das Bergland um Jerusalem, die tiefer gelegenen Regionen im Westen und das Jordan-Tal im Osten. Die Mehrheit der Bevölkerung lebte in kleineren Ortschaften und bewirtschaftete Felder oder Weingärten.

14.2.1 Wirtschaftliche Bedingungen

Der Boden war stellenweise karg. Regelmäßige Regenzeiten waren nötig, um ausreichend Ernte zu erzielen. Zudem mussten Abgaben an den persischen Hof geleistet werden. Dennoch stabilisierte sich das Leben langsam. Bauern bauten Getreide, Oliven, Wein und Früchte an. Handel fand statt, teils auf lokalen Märkten, teils via Karawanenstraßen nach Ägypten oder nach Norden.

14.2.2 Städtische Zentren

Jerusalem blieb das religiöse Zentrum, hatte jedoch keine überragende ökonomische Bedeutung. Daneben waren Orte wie Lachisch, Bethel, Mizpa und Jericho bedeutsam. In diesen Städten saßen auch Verwaltungseinheiten, Tempelbeamte und Handwerker. Man findet archäologische Spuren von Speichern, Ölpressen und Werkstätten.

14.2.3 Soziales Gefüge

Die Gesellschaft war hierarchisch. Oben standen Priester, Schriftgelehrte und Adlige, die den Kontakt zur persischen Verwaltung pflegten. Dann folgten Handwerker, Händler und Bauern. Sklaverei in Form von Schuldknechtschaft existierte. Das Buch Nehemia berichtet von Streitfällen, in denen Arme ihr Land verpfändet hatten und kaum noch überleben konnten. Gleichzeitig gab es religiös motivierte Hilfsaktionen oder Erlassjahre, die zumindest teilweise Abhilfe schaffen sollten.

14.3 Die jüdische Diaspora in der persischen Zeit

Nicht alle Judäer kehrten aus dem Exil zurück. Viele blieben in Babylon oder zogen in andere Teile des Perserreiches. So entstand eine wachsende jüdische Diaspora, die für die jüdische Geschichte immer wichtiger wurde.

14.3.1 Babylon als großes Zentrum
Das Gebiet um Babylon beherbergte weiterhin eine beachtliche jüdische Gemeinde. Die Deportierten hatten dort Ackerland und Häuser erworben. Sie standen unter babylonischen Stadträten und später unter persischer Verwaltung. Manche Diaspora-Juden waren wohlhabend und hatten gute Beziehungen zu lokalen Autoritäten.

14.3.2 Ägypten – die jüdische Gemeinde auf Elephantine
Eine interessante Gemeinschaft entstand auf der Nilinsel Elephantine im oberägyptischen Bereich. Dort lebten jüdische Söldner, die schon zu vorexilischen Zeiten teils stationiert waren. Archäologische Funde (die Elephantine-Papyri) zeigen, dass diese Judäer einen eigenen Tempel besaßen und neben Jahwe womöglich weitere Gottheiten verehrten. Das machte deutlich, dass die religiöse Praxis in der Diaspora mitunter stark von Jerusalem abweichen konnte.

14.3.3 Verbindungen zwischen Heimat und Diaspora
Reisende Kaufleute und Pilger sorgten dafür, dass Ideen und Nachrichten zwischen Juda und den ausländischen Gemeinden ausgetauscht wurden. Spenden aus der Diaspora halfen beim Ausbau des Tempels in Jerusalem. Umgekehrt besuchten manche Diasporajuden die Heimat zu Festtagen. So entstand ein Netzwerk, das die Identität als „Volk Gottes" trotz räumlicher Distanz festigte.

14.4 Vertiefung des Monotheismus und Entwicklung der Tora

Während der persischen Zeit kam es zu einer deutlichen Festigung des monotheistischen Glaubens. Der Jahwe-Glaube wurde immer exklusiver. Götzendienst und Vermischungen mit anderen Kulten wurden von den führenden Priestern und Propheten entschieden bekämpft.

14.4.1 Der Einfluss der Prophetennachfolge
Propheten wie Maleachi mahnten, dass Opfer nicht nur ein äußerer Ritus sein dürfen, sondern von Herz und Gehorsam begleitet sein müssen. Gleichzeitig kritisierten sie Priester, die ihre Pflichten unzureichend erfüllten. Solche Stimmen festigten das Bewusstsein, dass Gott Heiligkeit und Gerechtigkeit fordert und dass kein Platz für fremde Gottheiten sei.

14.4.2 Schriftgelehrte und die Auslegung der Tora
Die Tora (fünf Bücher Mose) wurde weiter tradiert und ausgelegt. Schriftgelehrte (hebräisch „Soferim") spielten eine wichtige Rolle bei der Kopie und Auslegung biblischer Texte. Man studierte Gebote zu Reinheit, Opfer und Sozialrecht. Diese Tora-Orientierung prägte nicht nur den Tempelkult, sondern auch den Alltag: Speisevorschriften, Sabbatheiligung und Ehegesetze waren Thema ständiger Reflexion.

14.4.3 Entstehung einer geschlossenen Kanon-Vorstellung
In der persischen Epoche begann sich auch der Kanon der Heiligen Schriften allmählich abzuzeichnen, wobei die Tora als Grundstock galt. Weitere Schriften (Propheten, Psalmen) wurden gesammelt. Die genaue Ausformung des Kanons erfolgte allerdings über einen längeren Zeitraum hinweg, doch man erkennt die Wurzeln bereits im 5. und 4. Jahrhundert v. Chr.

14.5 Kultureller Austausch und Einflüsse

Obwohl die Judäer ihre Identität stark abgrenzten, lebten sie im Perserreich inmitten einer multikulturellen Umgebung. Handel, Reisen und Beamtenaustausch ermöglichten ihnen, mit Aramäern, Phöniziern, Ägyptern, Persern und anderen Völkern in Kontakt zu treten.

14.5.1 Aramäische Sprache
Aramäisch war in der persischen Verwaltungssprache weit verbreitet. Auch die

Judäer nutzten es zunehmend, sowohl im Alltag als auch in Dokumenten. Ein Teil des biblischen Buchs Esra liegt z. B. in aramäischer Sprache vor. Während das Hebräische weiterhin in den religiösen Texten dominierte, setzte sich Aramäisch als Umgangssprache für Verwaltung und Handel durch.

14.5.2 Architektur und Kunst
Gewisse Einflüsse persischer Baukunst und Kunststile fand man in den Provinzstädten. Dekorative Elemente, Siegel und Münzprägungen wiesen oft auf die Zugehörigkeit zum Perserreich hin. Das Königsporträt oder das Symbol des persischen Hofs fanden sich auf amtlichen Gegenständen. Dennoch versuchten die Judäer, den Tempel möglichst im althergebrachten Stil zu gestalten.

14.5.3 Religiöse Toleranz: Begegnungen mit dem Zoroastrismus?
Die offizielle Religion der Achämeniden war stark vom Zoroastrismus geprägt, einer Lehre, die den Gott Ahura Mazda verehrte und einen Dualismus von Gut und Böse kannte. Ob und wie dieser Glaube die Judäer beeinflusste, ist umstritten. Manche Forscher vermuten, dass bestimmte Endzeit- oder Engelvorstellungen teils von iranischen Konzepten inspiriert sein könnten. Doch Belege dafür sind nicht eindeutig. Klar ist, dass die Perser andere Kulturen weitgehend gewähren ließen, solange diese nicht gegen die Reichsinteressen verstießen.

14.6 Politische Umbrüche gegen Ende der persischen Zeit

Im 5. und 4. Jahrhundert v. Chr. kam es zu mehreren Revolten in verschiedenen Regionen des Perserreichs. Griechenland erstarkte, vor allem durch die Abwehrkämpfe gegen Persien (Perserkriege). Einige Satrapen rebellierten gelegentlich gegen den König, um eigenständig zu werden.

14.6.1 Juda blieb relativ ruhig
Juda hielt sich weitgehend heraus. Man war zu schwach, um eigenständig zu rebellieren, und profitierte eher von einem stabilen Status. Persien hielt die Provinzen in Kanaan unter Kontrolle. Aus Sicht der Judäer war das Reich ferner Garant für Ruhe und Ordnung in der Region.

14.6.2 Die Offensive Alexanders des Großen
Der entscheidende Umbruch kam dann 334 v. Chr., als Alexander der Große aus Makedonien zu seinem Feldzug gegen Persien aufbrach. Innerhalb weniger Jahre

besiegte er das persische Heer in mehreren Schlachten (Issos, Gaugamela). Bis 331 v. Chr. war das Achämenidenreich faktisch unterworfen. Damit begann die Epoche des Hellenismus, die auch das jüdische Leben drastisch verändern sollte.

14.7 Religiöse Entwicklungen im späten 4. Jahrhundert v. Chr.

Noch vor dem Einmarsch Alexanders bildete sich in Juda eine festere priesterliche Elite heraus, die den Tempelbetrieb leitete. Diese Elite stand dem persischen Königshaus loyal gegenüber und profitierte von den Abgaben, die ins Tempelwesen flossen. Zugleich blieb das einfache Volk oft in wirtschaftlicher Abhängigkeit.

14.7.1 Zunehmende Autorität des Hohepriesters

Da es keinen jüdischen König gab, wuchs die Bedeutung des Hohepriesters. Er wurde zum wichtigsten Repräsentanten des Volkes. Dies legt die Grundlage für den späteren Hohen Rat (Sanhedrin) und andere Institutionen, die wir in den folgenden Epochen kennenlernen. Die Priesterfamilien besaßen Land und Macht, was gelegentlich auch Spannungen verursachte, wenn Laien sich benachteiligt fühlten.

14.7.2 Verschiedene Frömmigkeitsrichtungen

Innerhalb des Volkes gab es verschiedene Strömungen:

- Die Priester betonten die Kultvorschriften und den korrekten Opferdienst.
- Schriftgelehrte legten Wert auf die genaue Auslegung der Gesetze in allen Lebensbereichen.
- Einfache Leute waren teils stärker im Alltagskampf um Nahrung und Lohn gefangen und konnten nicht immer alle Reinheits- und Sabbatvorschriften perfekt einhalten.

Es kam zu Spannungen, wenn fromme Gruppen harte Regeln durchsetzen wollten, die das einfache Volk als zu belastend empfand.

14.8 Rückblick auf die persische Epoche

Die persische Zeit war für Juda eine Periode des Wiederaufbaus, der relativen Ruhe und der allmählichen Konsolidierung des Judentums. Durch die Politik der Toleranz konnten die Judäer ihren Glauben an Jahwe vertiefen und die Tora als Ordnungsrahmen für alle Lebensbereiche etablieren.

14.8.1 Positive Bilanz

- Wiedererrichtung des Tempels und Aufbau einer priesterlichen Struktur.
- Förderung der Tora und Entstehung einer schriftzentrierten Religionskultur.
- Teilweise wirtschaftliche Erholung und Stabilität in der Region.

14.8.2 Fortdauernder Minderheitsstatus

Gleichwohl blieben die Judäer ein kleines Volk inmitten einer Großmacht. Sie waren von den Entscheidungen des persischen Herrscherhauses abhängig. Die Hoffnung auf ein erneutes Davidisches Königtum erfüllte sich nicht, was in einigen prophetischen Texten (z. B. Sacharja) anklingt, die das Kommen eines gerechten Königs in fernerer Zukunft verheißen.

14.8.3 Grundstein für zukünftige Epochen

Die in der persischen Zeit gelegten Fundamente – Tempelkult, Tora, Priesterschaft, Diaspora-Netzwerk – prägten das Judentum weit über das 4. Jahrhundert v. Chr. hinaus. Als Alexander der Große das Land eroberte, begann eine neue Epoche des Hellenismus, in der sich das Judentum erneut behaupten musste und dabei neue Formen und Konflikte erlebte. Doch ohne die persische Phase der Erholung und Sammlung wäre eine solche Entwicklung kaum möglich gewesen.

14.9 Ausblick auf den Hellenismus

Mit dem Ende des Perserreichs rückte Juda in den Einflussbereich griechisch geprägter Herrscherdynastien (Ptolemäer und Seleukiden). Hellenistische Kultur, Sprache und Politik stellten die Judäer vor neue Herausforderungen:

- Wie sollte man mit der griechischen Philosophie und Lebensweise umgehen?

- In welchem Maß war eine Anpassung möglich, ohne die eigene Identität zu verlieren?
- Welche Rolle spielte der Tempelkult, wenn fremde Herrscher das Land kontrollierten?

All das wird im nächsten Kapitel beleuchtet. Wir folgen den historischen Spuren, die von Alexander dem Großen über seine Nachfolger bis hin zur makkabäischen Revolte reichen.

Kapitel 15: Der Hellenismus – Alexander der Große und seine Nachfolger

Einleitung

Mit der Eroberung des Perserreiches durch Alexander den Großen (Makedonien) begann für das Land Israel eine neue Epoche, die man als Hellenismus bezeichnet. Im Jahr 333 v. Chr. besiegte Alexander die persischen Truppen in der Schlacht am Issos, 331 v. Chr. fiel das achämenidische Perserreich endgültig. Von diesem Zeitpunkt an wurde die gesamte Region, zu der auch Juda (im Griechischen oft als „Judäa" bezeichnet) gehörte, Teil des schnell wachsenden Alexanderreichs. Nach Alexanders frühem Tod 323 v. Chr. teilten seine Generäle (die Diadochen) das Reich unter sich auf.

Für die Judäer und andere Völker brachte der Hellenismus eine intensive Begegnung mit griechischer Kultur, Sprache und Denkweise. Der Begriff „Hellenismus" bezeichnet die Verbreitung griechischer Lebensart, Architektur und Philosophie außerhalb des griechischen Mutterlandes. Im Nahen Osten entstand eine bunte Mischkultur: Auf der einen Seite wirkten alte Traditionen fort, auf der anderen Seite gelangten griechische Sitten und Gebräuche in den Alltag der Menschen.

In diesem Kapitel schauen wir darauf, wie sich die Herrschaft Alexanders und seiner Nachfolger (Ptolemäer in Ägypten und Seleukiden in Syrien) auf Judäa auswirkte. Wir befassen uns mit den politischen Veränderungen, der Ausbreitung der griechischen Sprache und Kultur und den Spannungen, die daraus erwuchsen. Dies bildet die Grundlage, um im folgenden Kapitel die makkabäische Revolte zu verstehen, die sich gegen eine zu starke Hellenisierung richtete und letztlich zum Hasmonäerreich führte.

15.1 Alexander der Große und die Eroberung des Nahen Ostens

15.1.1 Herkunft und Ambitionen Alexanders

Alexander war der Sohn Philipps II. von Makedonien. Er erhielt eine fundierte griechische Bildung; als Lehrer diente ihm der berühmte Philosoph Aristoteles. Schon in jungen Jahren zeigte Alexander außergewöhnliche militärische Fähigkeiten. Nach dem Tod seines Vaters 336 v. Chr. übernahm er die makedonische Herrschaft und setzte dessen Pläne fort, Griechenland zu einen und Persien anzugreifen.

15.1.2 Kampf gegen Persien und Sieg über Dareios III.
Nach mehreren siegreichen Schlachten (darunter Issos 333 v. Chr. und Gaugamela 331 v. Chr.) brach das persische Großreich zusammen. Dareios III. wurde auf der Flucht ermordet. Alexander zog kampflos in viele persische Städte ein, darunter Susa und Persepolis. Er verstand sich als Erbe des persischen Königtums und übernahm einige persische Traditionen, um seine Herrschaft im Nahen Osten zu festigen.

15.1.3 Alexanders Einzug in Ägypten und Palästina
Bereits 332/331 v. Chr. wandte Alexander sich Ägypten zu, das unter persischer Kontrolle stand. Er wurde von der ägyptischen Bevölkerung als Befreier von der persischen Fremdherrschaft empfangen. Anschließend marschierte er durch das Gebiet Israels (damals meist „Koilesyrien" genannt), wo die Städte teils friedlich kapitulierten. Laut späteren jüdischen Überlieferungen soll Alexander Jerusalem respektiert und den Tempel unversehrt gelassen haben, jedoch sind die historischen Details dazu nicht genau belegt. Faktisch gehörte Judäa nun zu Alexanders Weltreich.

15.2 Die Nachfolgekriege nach Alexanders Tod

15.2.1 Zerfall des Alexanderreichs
Alexander starb jung im Jahr 323 v. Chr. in Babylon, vermutlich an Fieber oder einer Krankheit. Er hatte keinen erwachsenen Erben, was sofortige Erbstreitigkeiten unter seinen Generälen (den Diadochen) auslöste. Sein riesiges Reich zerbrach in mehrere Herrschaftsbereiche. Zwei davon spielten für Judäa eine besonders wichtige Rolle:

- Das Reich der Ptolemäer mit Zentrum in Ägypten
- Das Reich der Seleukiden mit Zentrum in Syrien (und Babylonien)

15.2.2 Lage Judäas zwischen Ptolemäern und Seleukiden
Judäa lag geographisch zwischen Ägypten (im Südwesten) und Syrien (im Nordosten). Diese Gegend war strategisch wichtig. Mehrfach wechselte die Kontrolle zwischen Ptolemäern und Seleukiden, abhängig davon, wer gerade die

Oberhand gewann. Für die jüdische Bevölkerung bedeutete dies immer wieder Umstellungen in der Verwaltung, Steuern und Militärpräsenz.

15.2.3 Ptolemaios I. und seine Erben

Ptolemaios I. (einer von Alexanders Generälen) kontrollierte Anfang des 3. Jahrhunderts v. Chr. Ägypten und setzte sich zeitweise in Judäa fest. Unter seiner Herrschaft kam es wohl auch zu Deportationen jüdischer Kriegsgefangener nach Ägypten, die sich später dort niederließen. Die Ptolemäer bauten Alexandria zur Metropole aus, und eine erhebliche jüdische Gemeinde entstand dort. Dieses Judentum in Ägypten spielte bald eine große kulturelle Rolle, unter anderem durch die Übersetzung der Hebräischen Bibel ins Griechische (Septuaginta).

15.3 Hellenisierung und ihre Auswirkungen auf Judäa

15.3.1 Was ist Hellenisierung?

Hellenisierung bedeutet die Ausbreitung griechischer Sprache, Kunst, Wissenschaft und Lebensweise in den eroberten Gebieten. Alexander selbst gründete mehrere Städte namens „Alexandria", in denen griechische Veteranen siedelten. Die dortige Bevölkerung nahm griechische Sitten an, lernte die griechische Sprache und vermischte sie mit heimischen Traditionen.

15.3.2 Städtebau und griechische Einrichtungen

Die griechische Polis war ein Stadtstaat mit Bürgerrecht, Gymnasion (Sport- und Bildungsstätte), Theater und Agora (Marktplatz). Solche Elemente wurden in vielen Städten des Nahen Ostens eingeführt oder erweitert. In Judäa entwickelte sich vor allem das hellenisierte Jerusalem allmählich zu einer Mischkultur. Hellenistische Einflüsse zeigten sich in Architektur, Münzprägungen und in Teilen der Oberschicht, die vom griechischen Lebensstil fasziniert war.

15.3.3 Sprache und Bildung

Die griechische Sprache (Koine-Griechisch) wurde zur lingua franca im gesamten östlichen Mittelmeerraum. Jüdische Kaufleute profitierten davon, weil sie leichter Handel treiben konnten. Zugleich erwuchsen Spannungen: Traditionell orientierte Judäer sahen in der Verbreitung griechischer Kleidung und Sitten (z. B. das Trainieren im Gymnasion ohne Beschneidung) eine Bedrohung ihrer Identität.

15.3.4 Mischformen der Religion

Obwohl viele Judäer am Jahwe-Glauben festhielten, trat vereinzelt eine Vermengung mit griechischen Vorstellungen auf. Manche Judäer übernahmen den Namen griechischer Götter für ihre Kinder oder setzten Statuen auf. Auch die Philosophie und Ethik der Griechen (etwa Stoiker und Epikureer) gewannen in gebildeten Kreisen an Interesse. Dennoch blieb für die meisten Judäer das Festhalten an Tora und Tempelkult zentral.

15.4 Judäa unter ptolemäischer Herrschaft

15.4.1 Die Ptolemäer als pragmatische Herrscher

Zwischen ca. 301 und 200 v. Chr. stand Judäa vorwiegend unter der Kontrolle der Ptolemäer. Aus ihrer Hauptstadt Alexandria lenkten sie die Provinzen, erhoben Steuern und förderten den Handel. Die Ptolemäer waren relativ tolerant in religiösen Fragen, solange die Steuereinnahmen gesichert waren. Es gab in dieser Phase keine großen Aufstände in Judäa.

15.4.2 Entstehung einer jüdischen Elite

Unter dem Ptolemäerreich kam es zu einer eng verbundenen Kooperation zwischen königlicher Verwaltung und lokaler jüdischer Führung. Hohepriester in Jerusalem übernahmen weltliche Aufgaben, wie den Steuer- und Tributdienst. Diese Hohepriesterfamilien waren zum Teil sehr reich und hatten ein Interesse daran, die guten Beziehungen zu den ptolemäischen Herrschern aufrechtzuerhalten.

15.4.3 Kultureller Austausch in Alexandria

In Alexandria wuchs die jüdische Gemeinde stark. Dort entstand (einer Überlieferung nach im 3. Jahrhundert v. Chr.) die berühmte Septuaginta, eine griechische Übersetzung der Tora. Viele Judäer konnten kein Hebräisch mehr lesen, weil sie in einer griechischsprachigen Umgebung aufwuchsen. Die Übersetzung war also notwendig, um den Glauben zu bewahren. Gleichzeitig zeigt dies, wie tief die Hellenisierung reichte: Man nutzte die griechische Sprache, um die eigenen heiligen Schriften zu verbreiten.

15.5 Übergang zur seleukidischen Herrschaft – die Schlacht von Panion (ca. 200 v. Chr.)

15.5.1 Rivalität zwischen Ptolemäern und Seleukiden
Im 3. Jahrhundert v. Chr. gerieten die Ptolemäer in Konflikt mit den Seleukiden, die Syrien regierten. Mehrere Kriege um Koilesyrien (das Gebiet von Libanon bis Gaza) erschütterten die Region. Die ptolemäischen Könige schafften es lange, Judäa zu halten, doch ihre Macht schwand.

15.5.2 Antiochos III. und die Eroberung Palästinas
Antiochos III., ein energischer Seleukidenkönig, stellte sich der ptolemäischen Macht. In der Schlacht bei Panion (in der Nähe der Jordanquellen) um 200 v. Chr. besiegte er die ptolemäischen Truppen. Damit wechselte die Oberherrschaft über Judäa an die Seleukiden. Laut Berichten soll die jüdische Bevölkerung Antiochos III. mit offenen Armen empfangen haben, weil sie sich von ihm Erleichterungen und vielleicht günstigere Steuern erhoffte.

15.5.3 Neue Verwaltung und Versprechen
Antiochos III. versuchte, die Judäer für sich zu gewinnen. Er gab dem Tempel in Jerusalem Privilegien und reduzierte Steuerlasten. Die Hohepriester in Jerusalem behielten ihre Autorität und erhielten königliche Befugnisse. Für einige Jahrzehnte funktionierte dieses Arrangement relativ gut, bis sich unter Antiochos IV. Epiphanes die Lage dramatisch zuspitzte.

15.6 Die Herrschaft der Seleukiden und wachsender Hellenisierungsdruck

15.6.1 Die Seleukiden – ein weitreichendes, aber instabiles Reich
Das seleukidische Reich umfasste Syrien, Mesopotamien, Teile Anatoliens und eben auch Palästina. Die Hauptstädte wechselten zwischen Seleukeia, Antiochia und Babylon. Ständige Kriege gegen andere Diadochenreiche, innere Revolten und Finanzprobleme machten es schwer, das Reich zu stabilisieren. Um Geld einzutreiben, erhöhten die Könige oft die Steuern und verkauften Ämter an Höchstbietende.

15.6.2 Intrigen um das Hohepriesteramt
In Judäa hatte das Hohepriesteramt eine doppelte Rolle: religiöse Spitze und

politisches Oberhaupt. Wer dieses Amt innehatte, konnte enorme Einkünfte erzielen. Unter den Seleukiden begann ein Wettstreit wohlhabender und hellenistisch gesinnter Juden um den Posten des Hohepriesters. Sie boten dem König hohe Summen an, wenn er sie zum Hohepriester ernannte. Das führte zu Unmut bei traditionell orientierten Gläubigen, die den Einfluss fremder Sitten und Geldgier verurteilten.

15.6.3 Die Politik des Antiochos IV. Epiphanes

Antiochos IV. bestieg 175 v. Chr. den Thron. Er war von griechischer Kultur begeistert und wollte sein Reich weiter vereinheitlichen. In Jerusalem gab es eine einflussreiche Partei (oft „hellenisierte Juden" genannt), die den König unterstützte und griechische Institutionen förderte (z. B. ein Gymnasion in Jerusalem). Doch es gab auch eine konservative Opposition, die um die Reinheit des Tempelkultes bangte.

15.7 Konflikte und der Ausbruch der Krise (ab ca. 170 v. Chr.)

15.7.1 Hohepriester und Rivalitäten

Zunächst wurde Jesus (griechisch: Jason) gegen eine hohe Zahlung an Antiochos IV. Hohepriester. Später überbot ein anderer Jude namens Menelaos diese Summe, woraufhin Antiochos ihn einsetzte. Menelaos war allerdings nicht aus einer priesterlichen Familie, was viele Judäer empörte. Interne Kämpfe brachen aus.

15.7.2 Antiochos' Einmischung

Der Konflikt um den Hohepriesterposten führte zu Unruhen. Als Antiochos IV. von Feldzügen gegen Ägypten zurückkam, sah er in Jerusalem einen Aufstand. Er bestrafte die Stadt hart. Nach Berichten plünderte er den Tempel, setzte Soldaten ein und begann, die Ausübung des jüdischen Glaubens massiv einzuschränken.

15.7.3 Verbote und Götzendienst

Die Lage eskalierte, als Antiochos IV. offenbar in Jerusalem den Opferkult für die griechischen Götter einführte. Traditionell geht man davon aus, dass er ein Zeus-Heiligtum im jüdischen Tempel errichten ließ und Sabbat sowie Beschneidung verbot. Diese Schändung der heiligen Stätte war für gläubige Judäer unerträglich.

15.8 Die Vorstufe zur Revolte: Geistiger Widerstand

15.8.1 Ausformung der Märtyrer-Idee
In dieser Zeit entstanden Erzählungen von Judäern, die sich lieber zu Tode foltern ließen, als Schweinefleisch zu essen oder den Sabbat zu brechen. Besonders bekannt sind die Geschichte des Eleasar und die der sieben Brüder (überliefert im 2. Makkabäerbuch). Diese Märtyrergeschichten zeigen, wie zentral das Festhalten an der Tora wurde. Das Volk rückte spirituell enger zusammen gegen die als unrecht empfundenen Hellenisierungsschritte.

15.8.2 Die Rolle des ländlichen Widerstands
Viele einfache Bauern im Bergland waren fromm und traditionsorientiert. Sie hatten wenig Interesse an griechischen Gymnasien oder Mode und sahen im agressiven Vorgehen Antiochos' eine existenzielle Bedrohung. Die spätere Revolte brach denn auch nicht in der Oberschicht Jerusalems aus, sondern im ländlichen Raum, angeführt von einer Priesterfamilie namens Hasmonäer (Makkabäer).

15.8.3 Apokalyptische Erwartungen
Gleichzeitig wuchs in manchen Gruppen die Erwartung, Gott werde bald eingreifen, um sein Volk zu retten. Teile der jüdischen Apokalyptik, die in den folgenden Jahrzehnten aufblühte, haben hier ihren Ursprung. Man sah die Leiden durch Fremdherrschaft als Prüfung an, nach der Gott sein Reich aufrichten werde.

Kapitel 16: Die makkabäische Revolte und das Hasmonäerreich

Einleitung
Die Unterdrückung und Hellenisierungspolitik unter Antiochos IV. Epiphanes traf die jüdische Bevölkerung im Kern ihres Glaubens. Der Versuch, griechische Götter im Jerusalemer Tempel zu verehren, weckte in vielen Frommen den Entschluss, lieber zu sterben, als ihre Tora zu verraten. Aus diesem Konflikt heraus entstand eine bewaffnete Rebellion, angeführt von der Familie der Hasmonäer, besser bekannt als die Makkabäer.

In diesem Kapitel schildern wir, wie die Revolte ihren Lauf nahm, wer die Makkabäer waren und wie sie es schafften, das Seleukidenreich in den Bergen Judäas zu bekämpfen. Wir betrachten die Erfolge Judas Makkabäus', die Reinigung des Tempels und die Gründung des Hasmonäerreichs, das schließlich für einige Jahrzehnte relative Unabhängigkeit brachte. Zudem klären wir, wie dieses Ereignis in das jüdische Chanukka-Fest eingegangen ist.

16.1 Vorgeschichte: Unterdrückung und Funken der Revolte

16.1.1 Die Schändung des Tempels und Zwangsheidenkult
Wie im vorigen Kapitel beschrieben, ordnete Antiochos IV. an, im jüdischen Tempel den Zeus-Olympios zu verehren. Manche Quellen sprechen vom „Greuel der Verwüstung", der auf dem Altar aufgestellt wurde (Daniel 11,31). Judäer wurden gezwungen, Schweinefleisch zu opfern oder andere heidnische Riten durchzuführen. Die Beschneidung wurde verboten.

16.1.2 Mattatias und seine Söhne
Die Familie der Makkabäer stammte aus Modiin, einer Ortschaft nordwestlich von Jerusalem. Mattatias, ein Priester aus der Linie der Hasmonäer, weigerte sich, fremde Opfer zu bringen. Als ein anderer Jude sich bereit erklärte, diese Opfer zu vollziehen, tötete Mattatias ihn und den königlichen Beamten. Daraufhin floh er mit seinen Söhnen in die Berge. Dies war der Auslöser für den bewaffneten Aufstand (um 167 v. Chr.).

16.1.3 Guerillataktik in den Bergen
Mattatias und seine Söhne – Judas, Jonatan, Simon und andere – versammelten gleichgesinnte Kämpfer. Zunächst führten sie kleine Scharmützel gegen seleukidische Truppenteile oder gegen judäische Kollaborateure. Die Aufständischen kannten das Gelände gut und vermieden offene Feldschlachten. Rasch sammelte sich eine wachsende Zahl von Dorfbewohnern, die genug von der seleukidischen Unterdrückung hatten.

16.2 Judas Makkabäus und die ersten Erfolge

16.2.1 Bedeutender Anführer
Nach dem Tod des Vaters Mattatias übernahm Judas, genannt „Makkabäus" (vermutlich von „makkaba" = Hammer), die Führung. Er erwies sich als geschickter Taktiker, der seine Truppen mit religiösem Eifer motivierte. Sie sahen sich als Kämpfer für Gottes Gesetz.

16.2.2 Siege gegen seleukidische Generäle
Judas schlug in mehreren Schlachten seleukidische Heerführer, die oftmals überzeugt waren, einen leichten Sieg gegen „ein paar Aufständische" zu erringen. Die Makkabäer verfügten zwar nicht über große Truppen oder schwere Waffen, doch ihr Enthusiasmus und ihre Ortskenntnis gaben ihnen Vorteile. Wichtige Erfolge waren Schlachten bei Beth-Horon oder Emmaus, in denen Judas' Truppe erstaunliche Siege feierte.

16.2.3 Reinigung des Tempels
163/164 v. Chr. gelang es Judas Makkabäus, Jerusalem einzunehmen – zumindest die Stadt, wenn auch nicht sofort die stark befestigte Burg (Akra). Der Tempel war verwüstet und mit heidnischen Symbolen verunreinigt. Judas ordnete an, einen neuen Altar zu errichten und die Anlage zu reinigen. Im Winter (25. Kislew) fand die Wiedereinweihung statt, bei der Gott Dank dargebracht wurde. Dieser Akt bildet den Hintergrund des Chanukka-Festes, das bis heute an die Tempelweihe erinnert.

16.3 Die Fortsetzung des Kampfes und die Politik der Hasmonäer

16.3.1 Fluktuierende Machtverhältnisse
Die Seleukiden waren ein großes Reich, in dem jedoch permanente Dynastiekrisen herrschten. Immer wieder musste die Zentralregierung Truppen abziehen, um an anderen Fronten zu kämpfen. Das ermöglichte den Makkabäern, sich in Judäa festzusetzen. Aber sie standen weiterhin unter Druck.

16.3.2 Judas' Tod und die Nachfolger
Judas starb um 160 v. Chr. in einer Schlacht gegen überlegene seleukidische Kräfte. Sein Bruder Jonatan übernahm die Führung. Dieser zeigte sich auch als geschickter Diplomat: Er nutzte innerseleukidische Machtkämpfe, um Vorteile für Judäa herauszuholen. Er ließ sich vom jeweils siegessicheren seleukidischen Prinzen das Hohepriesteramt verleihen. Später folgte Simon, ein weiterer Bruder, der dann als Hohepriester und ethnarchische (volksleitende) Autorität agierte.

16.3.3 Bündnisse mit anderen Mächten
Um ihre Position zu stärken, suchten die Makkabäer diplomatische Kontakte, u. a. zu Rom. Damals begann das römische Reich im östlichen Mittelmeerraum an Einfluss zu gewinnen. Ein Freundschaftsabkommen mit Rom oder anderen entlegenen Mächten konnte die Seleukiden abschrecken. Trotzdem blieb Judäa ständig im Ringen zwischen Autonomie und Abhängigkeit von den jeweiligen Seleukidenkönigen.

16.4 Die offizielle Unabhängigkeit und Gründung des Hasmonäerreichs

16.4.1 Simon als Begründer des Hasmonäerreichs
Etwa 142 v. Chr. gelang Simon Makkabäus ein diplomatischer Durchbruch: Ein seleukidischer König, Demetrius II., räumte Judäa faktische Steuerfreiheit ein und verzichtete auf direkte Kontrolle. Damit waren die Weichen für ein unabhängiges Staatswesen gestellt. Simon wurde vom Volk zum Hohepriester, Strategen und Ethnarchen auf Lebenszeit ernannt. Somit war ein eigener jüdischer Staat, das Hasmonäerreich, entstanden.

16.4.2 Ausweitung der Grenzen

Unter Simons Nachfolger Johannes Hyrkanos I. (reg. 134–104 v. Chr.) erlebte das Hasmonäerreich eine Expansion. Hyrkanos eroberte Gebiete der Idumäer (Edomiter) und zwang sie zur Annahme der Beschneidung. Auch im Norden stieß er vor. Die Hasmonäer nutzten die Schwäche der Seleukiden, um ihr Territorium zu vergrößern. Jerusalem wurde zur Hauptstadt eines Reiches, das ungefähr das Gebiet des alten Königreichs der Davidszeit umfasste – allerdings gab es erhebliche Unterschiede, da das Herrschaftssystem ein anderes war.

16.4.3 Religions- und Machtpolitik

Die Hasmonäer verstanden sich als legitime Führer des jüdischen Volkes, obwohl sie nicht aus dem Haus David stammten. Sie kombinierten Hohepriestertum und Königswürde (wobei der Titel „König" erst später offen geführt wurde). Die Verschmelzung von religiöser und weltlicher Macht führte zu neuen Spannungen, etwa mit traditionell-frommen Gruppen wie den späteren Pharisäern, die ein rein priesterliches Amt ohne Königsherrschaft bevorzugten.

16.5 Chanukka – Das Fest der Lichter

16.5.1 Ursprung

Die Wiedereinweihung des Tempels durch Judas Makkabäus (164 v. Chr.) bildet die Wurzel des Chanukka-Festes. Nach jüdischer Tradition soll man im Tempel nur einen Krug reinen Öls für den Leuchter gefunden haben, der normalerweise nur für einen Tag reichte. Dieser Vorrat habe jedoch auf wunderbare Weise acht Tage lang gebrannt, bis neues geweihtes Öl hergestellt werden konnte.

16.5.2 Feierliche Bedeutung

Chanukka bedeutet „Einweihung". Das Fest wird acht Tage begangen und erinnert an den Sieg der Treue zum Gesetz über die Fremdherrschaft und Götzenverehrung. Seitdem zünden Juden jedes Jahr den Chanukka-Leuchter (Chanukkia) an, jeden Tag eine weitere Kerze. Historisch ist die Feier mit den Ereignissen der Makkabäer verbunden: dem Widerstand gegen die hellenistische Unterdrückung und der Wiederherstellung des wahren Gottesdienstes.

16.5.3 Andere Festtraditionen

Neben der Chanukkia sind Bräuche wie das Essen von in Öl Gebackenem (Latkes, Sufganiyot) und das Dreidel-Spiel (Kreisel) entstanden, die allerdings späteren

Datums sind. Entscheidend bleibt die Erinnerung an die Befreiung des Tempels und an den Eifer, den Tora-Glauben trotz aller Bedrohungen zu verteidigen.

16.6 Die Blütezeit des Hasmonäerreichs

16.6.1 Johannes Hyrkanos I. und Aristobulos I.
Johannes Hyrkanos I. führte Krieg gegen Nachbarvölker, um Judäa abzusichern. Sein Sohn Aristobulos I. (104–103 v. Chr.) nahm erstmals den Königstitel an. Damit lag die königliche und priesterliche Gewalt in einer Hand. Er setzte die Politik der Expansion fort und annektierte Teile Galiläas.

16.6.2 Alexander Jannäus (103–76 v. Chr.)
Unter Alexander Jannäus erreichte das Hasmonäerreich seine größte Ausdehnung. Er war ein sehr kriegerischer König, führte Feldzüge gegen Städte an der Küste und im Ostjordanland. Allerdings geriet er in schwere innenpolitische Konflikte mit den Pharisäern, die seinen üppigen, wenig priesterlichen Lebensstil kritisierten. Es kam zu blutigen Bürgerkriegen, bei denen Jannäus angeblich Tausende Gegner hinrichten ließ.

16.6.3 Salome Alexandra (76–67 v. Chr.)
Nach Alexander Jannäus' Tod übernahm seine Witwe Salome Alexandra die Regentschaft. Sie versuchte, zwischen den verfeindeten religiös-politischen Gruppen – Sadduzäern, die meist die Priesteraristokratie stellten, und Pharisäern, die eine strengere Auslegung der Tora vertraten – zu vermitteln. Unter ihrer Herrschaft erlebte Judäa eine Zeit relativen Friedens und kultureller Blüte. Schulen der Tora-Studien blühten auf.

16.7 Der Niedergang des Hasmonäerreichs

16.7.1 Bruderzwist zwischen Aristobulos II. und Hyrkanos II.
Salome Alexandras Söhne, Aristobulos II. und Hyrkanos II., stritten nach ihrem Tod um die Nachfolge. Der Bürgerkrieg brach wieder aus. Jede Partei suchte Unterstützung bei externen Mächten, darunter arabischen Fürsten oder sogar Rom.

16.7.2 Römischer Eingriff
63 v. Chr. nutzte der römische Feldherr Pompeius die Gelegenheit, in die Region einzugreifen. Er belagerte Jerusalem, drang in den Tempel ein und beendete damit de facto die Selbstständigkeit des Hasmonäerreichs. Fortan stand Judäa unter starkem römischem Einfluss. Die Hasmonäer behielten zunächst formell Ämter, doch die wirkliche Macht lag bei den Römern.

16.7.3 Ende der Hasmonäer
Nach weiteren Wirren und wechselnden Bündnissen erhob schließlich Herodes, unterstützt von Rom, Anspruch auf den judäischen Thron. Er setzte sich gegen die letzten Hasmonäer durch und heiratete eine Hasmonäerin (Mariamme), um seine Herrschaft zu legitimieren. Doch er liquidierte nach und nach fast alle Mitglieder der Hasmonäerfamilie, sodass diese Dynastie ausstarb.

16.8 Bedeutung der makkabäischen Revolte

16.8.1 Selbstbestimmung für einige Jahrzehnte
Die Makkabäer hatten gezeigt, dass ein entschlossener Aufstand gegen eine fremde Großmacht Erfolg haben konnte, zumindest wenn die Großmacht in innere Konflikte verstrickt war. Das Hasmonäerreich existierte rund 80 Jahre als eigenständiges Staatswesen.

16.8.2 Stärkung der jüdischen Identität
Die Revolte ist in der jüdischen Erinnerung zum Symbol dafür geworden, dass man für den Glauben opfern muss und kann. Die Bereitschaft, zu kämpfen oder sogar zu sterben, um die Tora zu bewahren, prägte das Selbstverständnis vieler nachfolgender Generationen. Das Chanukka-Fest mit seiner Botschaft von Licht und Freiheit drückt diesen Stolz aus.

16.8.3 Ambivalenzen
Gleichzeitig hatte das Hasmonäerreich Schattenseiten: Eroberungskriege gegen Nachbarn, Zwangskonvertierungen, innere Machtkämpfe, Blutvergießen unter verschiedenen religiösen Gruppen. Manche Geistliche kritisierten, dass Priester auf den Königsthron strebten und sich in Machtpolitik verstrickten. So hat die Zeit der Makkabäer/Revolte einerseits eine hohe Symbolkraft für Freiheit, andererseits war sie keineswegs friedlich oder ideal.

16.9 Ausblick auf die weitere Entwicklung

Mit dem römischen Eingreifen 63 v. Chr. und dem Aufstieg Herodes' (ab 37 v. Chr.) endete die hasmonäische Epoche. Judäa verlor zunehmend seine Autonomie und wurde schließlich Teil des römischen Reiches. Eine neue Phase begann, in der Rom die Geschicke der Region bestimmte.

Die religiösen Strömungen, die sich in der Zeit der Makkabäer herauskristallisierten (Pharisäer, Sadduzäer, Essener), sollten in den kommenden Jahrhunderten das Judentum prägen. Das Tempelinstitut behielt große Bedeutung, doch man sah immer deutlicher, dass Konflikte um politische Macht (Königtum und Hohepriestertum) zu heftigen Spannungen führten.

Im nächsten Kapitel werden wir uns die römische Eroberung des Landes anschauen und das Aufkommen der herodianischen Dynastie. Dadurch nähern wir uns einer Epoche, die von neuen Aufständen und letztlich der Zerstörung des Zweiten Tempels geprägt sein wird. Doch bevor wir dahin gelangen, bleibt festzuhalten, dass die makkabäische Revolte ein einzigartiger Moment der Selbstbehauptung war, der das jüdische Volk tief geprägt und ein eigenes Staatswesen ermöglicht hat – wenn auch nur für begrenzte Zeit.

Kapitel 17: Die römische Eroberung und das Herodianische Zeitalter

Einleitung
Die Zeit des eigenständigen jüdischen Hasmonäerreichs endete abrupt, als das Römische Reich in die Geschicke Palästinas eingriff. Ab 63 v. Chr. stand das Land unter römischem Einfluss. Der Feldherr Pompeius nahm Jerusalem ein und beendete die innere Rivalität zwischen den Hasmonäern, die sich in einem Bruderkrieg erschöpften. In diesem Kapitel betrachten wir, wie Rom die Provinz regelte, was das für die lokale Politik bedeutete und wie schließlich Herodes der Große, ein politisch geschickter, aber auch grausamer Herrscher, durch die Gunst Roms zum „König der Juden" aufstieg.

Die Herrschaft Herodes' gilt als „Herodianisches Zeitalter", in dem einerseits große Baumaßnahmen das Land prägten und andererseits die Bevölkerung schwere Lasten tragen musste. Herodes' Verhältnis zu den Juden war kompliziert, da er sich einerseits als Verteidiger des Judentums präsentierte, andererseits aber römische und griechische Einflüsse förderte. Wir werden sehen, wie er sich mit prachtvollen Bauten – etwa dem Umbau des Tempels – ein Denkmal setzte und zugleich durch Intrigen und Brutalität Schrecken verbreitete.

17.1 Der römische Eingriff unter Pompeius (63 v. Chr.)

17.1.1 Streit zwischen Hyrkanos II. und Aristobulos II.
Nach dem Tod der hasmonäischen Königin Salome Alexandra kämpften ihre Söhne Hyrkanos II. und Aristobulos II. um die Macht. Das Land zerfiel in zwei Lager. Beide Brüder versuchten, Verbündete zu gewinnen. Schließlich rief Hyrkanos einen nabatäischen Herrscher um Hilfe an, Aristobulos suchte nach Verbündeten an anderer Stelle.

17.1.2 Pompeius mischt sich ein
Der römische Feldherr Gnaeus Pompeius Magnus befand sich im Nahen Osten, um das expandierende Römische Reich abzusichern und Gegner wie die Piraten im östlichen Mittelmeerraum zu bekämpfen. Die Streitenden der Hasmonäerdynastie richteten Bittschriften an Pompeius. Anstatt eine Partei klar

zu unterstützen, nutzte Pompeius die Gelegenheit, Judäa zu unterwerfen. 63 v. Chr. zog er nach Jerusalem, wo Aristobulos sich in der Festung Tempelberg verschanzte.

17.1.3 Eroberung Jerusalems
Pompeius belagerte den Tempelbezirk. Nach wenigen Wochen fiel der Widerstand. Laut den Berichten soll Pompeius den Tempel betreten haben, was nach jüdischer Vorstellung eine schwere Entweihung darstellte. Dennoch verzichtete er darauf, die Schätze zu plündern. Er entließ Hyrkanos II. in eine Position als Hohepriester, während Aristobulos II. nach Rom gebracht wurde. Damit begann die römische Oberherrschaft in Judäa.

17.2 Judäa als Klientelstaat Roms

17.2.1 Neue Verwaltungsstruktur
Nach Pompeius' Eingreifen wurde Judäa drastisch verkleinert. Einige Gebiete, die unter den Hasmonäern erobert worden waren (z. B. Samaria, Galiläa, Perea, Idumäa), lösten die Römer teilweise ab und stellten sie unter eigene Verwaltung oder übergaben sie lokalen Fürsten. Hyrkanos II. behielt zwar den Hohepriesterposten, war aber nur noch eine Marionette Roms. Die Römer stationierten Truppen und setzten Statthalter in den benachbarten Provinzen ein.

17.2.2 Antipater der Idumäer
Hinter den Kulissen trat ein geschickter Politiker auf den Plan: Antipater, ein Idumäer, der bereits am hasmonäischen Hof eine wichtige Rolle gespielt hatte. Er unterstützte Pompeius und später Julius Cäsar, sodass er sich das Vertrauen Roms erwarb. Antipater wurde zum Prokurator Judäas ernannt und verwaltete die Finanzen und die Steuern für Rom. Seine Söhne, insbesondere Herodes, sollten später eine herausragende Rolle spielen.

17.2.3 Die Folgen für die jüdische Bevölkerung
Die jüdische Bevölkerung verlor die kurze Phase nationaler Unabhängigkeit. Steuern und Abgaben gingen nun in römische Kassen. Römische Sitten und Gesetze beeinflussten das Land immer stärker. Gleichzeitig blieben der Tempel und das jüdische Religionsgesetz bestehen. Die Römer waren anfangs relativ tolerant, solange die Steuerpflicht erfüllt und kein Aufstand provoziert wurde.

17.3 Herodes der Große – Aufstieg zum „König der Juden"

17.3.1 Frühe Laufbahn
Herodes war einer der Söhne Antipaters. Er diente zunächst als Statthalter Galiläas. Dort setzte er hart durch, was Rom schätzte: Er ging streng gegen Räuberbanden und aufrührerische Gruppen vor. Nach Julius Cäsars Ermordung (44 v. Chr.) und den Bürgerkriegen im Römischen Reich musste Herodes seinen Einfluss wahren, indem er sich mit verschiedenen römischen Mächtigen arrangierte.

17.3.2 Kampf gegen Antigonos und die Parther
Ein hasmonäischer Prinz, Antigonos, nutzte die Machtkämpfe im Römischen Reich, um den Thron in Judäa zu beanspruchen. Er verbündete sich mit den Parthern, die aus dem Osten vordrangen und zeitweilig Syrien und Judäa besetzten (40 v. Chr.). Herodes floh nach Rom und erhielt vom römischen Senat den Titel „König der Juden" verliehen, obwohl er faktisch noch keine Macht im Land hatte.

17.3.3 Rückeroberung Judäas
Mit Unterstützung römischer Truppen kehrte Herodes zurück. Er belagerte Jerusalem, das in parthischer Hand war. Nach einer schweren Schlacht fiel die Stadt 37 v. Chr. an Herodes und seine römischen Verbündeten. Antigonos wurde hingerichtet, das hasmonäische Königtum war endgültig vorbei. Herodes etablierte sich als alleiniger Herrscher über Judäa unter römischer Oberhoheit.

17.4 Herodes' Herrschaft: Politik, Bauprojekte und Konflikte

17.4.1 Römische Gefälligkeit und lokaler Absolutismus
Herodes wusste, dass seine Legitimität in der Unterstützung Roms lag. Im Gegenzug sorgte er für pünktliche Tributzahlungen. Er ließ Münzen mit seinem Abbild prägen (was im Judentum umstritten war, da Bildnisse problematisch sein konnten) und widmete große Bauten dem Kaiser. So versuchte er, sich einerseits als römischer Vasall zu präsentieren und andererseits sich im eigenen Land abzusichern.

17.4.2 Gigantische Bauprojekte
Herodes war berüchtigt für seine ehrgeizigen Bauten. Er errichtete ganze

Festungsstädte wie die Hafenstadt Cäsarea Maritima (mit künstlichem Hafenbecken), renovierte und erweiterte den Jerusalemer Tempel auf gewaltige Weise (der sogenannte „Herodianische Tempel"), schuf Paläste in Jericho und Festungen wie Massada und Herodium. Diese Projekte beschäftigten Tausende von Arbeitern und demonstrierten Herodes' Macht und Prachtliebe.

17.4.3 Familienintrigen und Grausamkeit

Herodes fürchtete ständig um seine Stellung. Er war Idumäer von Abstammung und nicht aus einer alten jüdischen Priesterfamilie. Um seine Legitimation zu stärken, hatte er eine Hasmonäerin (Mariamme) geheiratet, doch er ließ später sie und fast alle Verwandten ermorden, als er glaubte, sie könnten Intrigen gegen ihn schmieden. Auch mehrere seiner Söhne fielen seiner Paranoia zum Opfer. Diese Brutalität sicherte ihm Respektlosigkeit und Furcht in der Bevölkerung.

17.4.4 Religiöse Aspekte

Obwohl Herodes römische und griechische Kultur schätzte, baute er den Jerusalemer Tempel zu einem gewaltigen Heiligtum aus. Damit wollte er das jüdische Volk gewinnen. Er achtete darauf, keine Götterbilder auf dem Tempelgelände zu errichten, um keinen Aufschrei zu provozieren. Dennoch blieb ein Teil der Bevölkerung skeptisch, da Herodes als fremdstämmiger König galt und das jüdische Gesetz nicht aus tiefer Überzeugung zu wahren schien.

17.5 Herodes' Tod und das Erbe seiner Dynastie

17.5.1 Tod im Jahr 4 v. Chr.

Herodes starb in Jericho, wahrscheinlich an einer schmerzhaften Krankheit. Kurz vor seinem Tod soll er noch einmal Söhne hingerichtet haben, die er der Verschwörung bezichtigte. Das Volk reagierte nicht mit Trauer, sondern eher mit Erleichterung.

17.5.2 Aufteilung des Reiches unter seinen Söhnen

In seinem Testament regelte Herodes die Nachfolge. Der römische Kaiser Augustus genehmigte diese Regelung in Teilen. Sein Reich wurde unter drei Söhnen aufgeteilt (Archelaos, Antipas, Philippus). Archelaos erhielt Judäa und Samaria, Antipas wurde Tetrarch von Galiläa und Peräa, Philippus regierte

Gebiete nordöstlich des Jordans. Keine dieser Herrschaften war souverän, alle standen unter römischer Oberhoheit.

17.5.3 Unruhen und Römische Beamte

Archelaos erwies sich als unfähig, die stark verschuldete Provinz zu beruhigen. Es kam zu Unruhen und Protesten gegen seine harte Regierung. Schließlich setzte Rom ihn ab und schickte einen eigenen Präfekten oder Prokurator nach Judäa (ab 6 n. Chr.). Damit begann die direkte römische Provinzverwaltung, die später zur Zeit des Pontius Pilatus (26–36 n. Chr.) berüchtigt werden sollte.

17.6 Das Land zur Zeit Jesu in kurzen Zügen

Obwohl dieses Buch auf die detaillierte Darstellung der späteren christlichen Zeitgeschichte verzichtet, lohnt ein kurzer Blick, wie die Geschichte Jesu zeitlich einzuordnen ist. Er wurde wohl unter der Herrschaft von Herodes' Söhnen geboren (manche vermuten 4–6 v. Chr.). Zur Zeit von Pontius Pilatus fand die Kreuzigung statt (ca. 30 n. Chr.). Diese Ereignisse waren in einem Judäa angesiedelt, das unter römischen Präfekten litt und in dem verschiedene religiöse Gruppierungen aktiv waren (Pharisäer, Sadduzäer, Zeloten etc.).

17.7 Bewertung Herodes' in der jüdischen Geschichte

17.7.1 Einer der größten Bauherren

Kaum ein Herrscher hat das Land architektonisch so geprägt wie Herodes. Der ausgedehnte Tempelumbau sorgte dafür, dass Jerusalem ein monumentales religiöses Zentrum wurde. Städte wie Cäsarea Maritima und Festungen wie Massada sind bis heute eindrucksvolle Zeugnisse seiner Baulust.

17.7.2 Zweifel an seiner Legitimität

In den Augen vieler Juden war Herodes ein Fremdling. Seine Idumäische Herkunft und seine enge Verbindung zu Rom schürten Misstrauen. Die brutale Unterdrückung jeglicher Opposition machte ihn verhasst. In der religiösen Überlieferung wird er teils als „Mörder der Unschuldigen" geschildert, wohl angelehnt an das Neue Testament (Matthäus 2,16), das von einem Kindermord in Betlehem berichtet.

17.7.3 Stabilität – aber um welchen Preis?

Herodes sicherte über 30 Jahre relative Ruhe im Land. Die Römer griffen nicht direkt militärisch ein, solange er die Tribute bezahlte. Doch dies ging auf Kosten der Bevölkerung, die hohe Abgaben leisten musste und keine Mitsprache hatte. Nach seinem Tod zerfiel seine fragile Ordnung rasch.

Kapitel 18: Jüdische Aufstände gegen Rom und die Zerstörung des Zweiten Tempels

Einleitung
Nach dem Tod Herodes' des Großen war Judäa eine zersplitterte Region unter römischem Einfluss. Die Söhne Herodes' regierten Teilgebiete, aber Rom behielt sich das Recht vor, jederzeit einzugreifen oder die Regentschaft zu beenden. Schließlich wurde Judäa direkt von römischen Präfekten oder Prokuratoren verwaltet. Die Bevölkerung litt unter hohen Steuern, Willkürakten und der Geringschätzung jüdischer Gebräuche durch manche römische Beamte.

Die Unzufriedenheit wuchs mit der Zeit, angetrieben von verschiedenen Gruppen wie den Zeloten, die keinen Kompromiss mit Rom wollten, oder den Pharisäern, die dem Volk strikt den Gehorsam gegenüber der Tora predigten. Immer wieder kam es zu Unruhen und kleineren Aufständen. Die Lage eskalierte schließlich 66 n. Chr. in einem großen jüdischen Krieg gegen Rom. Dieser Erste Jüdische Krieg endete 70 n. Chr. mit der Eroberung Jerusalems durch die Römer und der Zerstörung des Zweiten Tempels. Damit verlor das Judentum erneut sein zentrales Heiligtum.

In diesem Kapitel blicken wir auf die Ursachen und den Verlauf der jüdischen Aufstände. Wir zeigen, wie die Römer reagierten und welche Folgen die Tempelzerstörung für das jüdische Volk hatte. Abschließend werden wir kurz den Bar-Kochba-Aufstand (132–135 n. Chr.) behandeln, der erneut eine heftige Reaktion Roms auslöste und das jüdische Leben in Palästina weiter erschütterte.

18.1 Die römische Verwaltung nach Herodes – Spannungsfelder und Gruppen

18.1.1 Römische Prokuratoren
Nach der Absetzung von Herodes' Sohn Archelaos (6 n. Chr.) kam Judäa unter direkte römische Verwaltung. Prokuratoren (oder Präfekten) regierten von Caesarea Maritima aus. Einer der bekanntesten war Pontius Pilatus (26–36 n. Chr.). Er wurde von späteren jüdischen und christlichen Quellen als grausam und respektlos gegenüber jüdischen Sitten beschrieben. Unter anderem ließ er Gedenkplatten mit kaiserlichen Bildern in Jerusalem aufstellen, was zu Aufruhr führte.

18.1.2 Religiöse Gruppierungen

- **Pharisäer**: Legten Wert auf die strikte Einhaltung der Tora, mündliche Überlieferungen und Reinheitsgebote. Beliebt bei vielen einfachen Leuten.
- **Sadduzäer**: Priesteraristokratie, kooperierten oft mit der römischen Verwaltung, um politische Vorteile zu wahren.
- **Essener**: Zogen sich teils in klosterähnliche Gemeinschaften in der Wüste zurück (Qumran), um die Reinheit des Glaubens zu bewahren.
- **Zeloten/Sikarier**: Radikale Gruppen, die gegen Rom kämpften und Attentate auf jüdische Kollaborateure verübten.

Diese Vielfalt an Strömungen führte zu Spannungen. Rom förderte meist die Sadduzäer oder Hohepriester, die sich kompromissbereit zeigten, was den Groll der Pharisäer und Zeloten erhöhte.

18.1.3 Wirtschaftliche Belastung

Die Bevölkerung litt unter hohen Steuern und Abgaben. Großgrundbesitzer und römische Beamte bereicherten sich. Kleinbauern verarmten. Zudem gab es in manchen Jahren Missernten und Hungersnöte. Der Unmut entlud sich oft in religiös motiviertem Widerstand, da viele Juden in der römischen Fremdherrschaft eine Schändung des heiligen Landes sahen.

18.2 Der Ausbruch des Ersten Jüdischen Krieges (66 n. Chr.)

18.2.1 Zunehmende Provokationen

In den 60er-Jahren des 1. Jahrhunderts n. Chr. nahmen Missstände zu. Gessius Florus, ein besonders geldgieriger Prokurator, konfiszierte Gelder aus dem Jerusalemer Tempelschatz. Die Empörung war groß. Zeloten sahen ihre Stunde gekommen: Sie wollten die Römer vertreiben und ein unabhängiges „Königreich Gottes" errichten.

18.2.2 Erfolge der Aufständischen

66 n. Chr. kam es zu offenen Revolten, zuerst in Jerusalem, dann in anderen Teilen des Landes. Die römischen Garnisonen wurden überrannt oder abgeschlachtet. In Jerusalem bildeten radikale Gruppen ein Aufstandskomitee. Auch in Galiläa organisierte sich der Widerstand, geleitet von jüdischen Führern

wie Josephus (später der berühmte Geschichtsschreiber Flavius Josephus), der anfangs auf Seiten der Rebellen stand.

18.2.3 Römische Gegenoffensive
Rom war zu dieser Zeit in einer turbulenten Phase (Kaiser Nero stand in Kritik, Rebellionen in anderen Provinzen). Dennoch schickte man den Feldherrn Cestius Gallus, um den Aufstand niederzuschlagen. Er erlitt jedoch eine Niederlage bei Beth-Horon. Daraufhin übernahm der erfahrene General Vespasian (später Kaiser) das Kommando. Zusammen mit seinem Sohn Titus begann er 67 n. Chr. eine systematische Rückeroberung. Galiläa fiel nach schweren Kämpfen, Josephus ergab sich und wurde gefangen genommen.

18.3 Belagerung und Fall Jerusalems (70 n. Chr.)

18.3.1 Innerjüdische Kämpfe in Jerusalem
Während die Römer sich näherten, herrschte in Jerusalem Chaos. Verschiedene radikale Gruppen (Zeloten, Sikarier) bekämpften sich gegenseitig um die Macht. Es gab kaum einen gemeinsamen Plan zur Verteidigung. Die Lebensmittelvorräte wurden durch interne Fehden vernichtet.

18.3.2 Titus und die Belagerung
Vespasian wurde im Jahr 69 n. Chr. Kaiser, sein Sohn Titus führte die Armee vor Jerusalem. Die Belagerung begann im Frühjahr 70 n. Chr. Trotz heftiger Gegenwehr, geheimer Tunnel und Mauerring verteidigten die Aufständischen die Stadt mehrere Monate. Doch die Römische Kriegsmaschinerie (Belagerungsgeräte, Disziplin, zahlenmäßige Überlegenheit) war erdrückend.

18.3.3 Eroberung und Zerstörung des Tempels
Im August 70 n. Chr. durchbrachen die Römer die letzten Verteidigungsringe. Der Tempel wurde in Brand gesteckt. Titus soll ursprünglich befohlen haben, das Heiligtum zu schonen, doch seine Soldaten waren außer Kontrolle. Der gesamte Komplex ging in Flammen auf. Zahllose Menschen starben oder wurden versklavt. Ein riesiges Massaker und die Plünderung Jerusalems beendeten de facto den Aufstand.

18.3.4 Folgen
Der Tempel wurde in Schutt und Asche gelegt, nur Teile der Umfassungsmauern (z. B. die sogenannte Klagemauer) überdauerten. Jerusalem war verwüstet,

Zehntausende Juden flohen oder wurden verschleppt. Die römische Siegesfeier in Rom mit dem Titusbogen (auf dem der siebenarmige Leuchter als Kriegsbeute dargestellt ist) unterstreicht den Triumph Roms und die Demütigung des jüdischen Volkes.

18.4 Restwiderstand und Fall von Massada (73/74 n. Chr.)

18.4.1 Flucht in Festungen
Nach dem Fall Jerusalems gab es noch vereinzelte Widerstandsnester. Die berühmteste war Massada, eine Bergfestung am Toten Meer. Dort hatten sich Zeloten und Sikarier mit Familien verschanzt.

18.4.2 Römische Belagerung
Die Römer bauten eine gewaltige Rampe und Belagerungsanlagen, um Massada einzunehmen. Flavius Silva, der römische Befehlshaber, führte den letzten großen Angriff durch (ca. 73/74 n. Chr.). Als die Römer schließlich eindrangen, fanden sie fast alle Verteidiger tot vor. Laut Josephus hatten sie einen kollektiven Suizid begangen, um nicht in römische Sklaverei zu fallen. Die Historizität der Massen-Selbsttötung wird in der Forschung diskutiert, hat aber im jüdischen Gedächtnis starken Symbolwert für den Willen, lieber zu sterben als sich zu unterwerfen.

18.4.3 Ende des Ersten Jüdischen Krieges
Mit dem Fall von Massada war der Aufstand niedergeschlagen. Judäa wurde zur römischen Provinz, bezahlt nun eine besondere Steuer („Fiscus Judaicus"), die dem Tempel des Jupiter in Rom zugutekam. Das religiöse und politische Zentrum im Land war vernichtet – ein traumatisches Ereignis für das Volk Israel.

18.5 Die Zeit nach 70 n. Chr. – Rabbinisches Judentum und weitere Aufstände

18.5.1 Umschichtung des religiösen Lebens
Nach dem Verlust des Tempels fehlte der zentrale Ort für Opfer und Kult. Viele Sadduzäer verloren ihre Basis, da sie am Tempeldienst hingen. Die Pharisäer gewannen an Einfluss, indem sie lehrten, dass das Gesetz (Tora) und die mündliche Auslegung im Alltag gelebt werden müsse. In Jawne (Jamnia) sammelten sich Gelehrte, um das jüdische Recht und die Traditionen zu

bewahren. Dies bildete den Grundstein für das später sogenannte „Rabbinische Judentum".

18.5.2 Diaspora und Wechsel der Zentren
Zahlreiche Juden lebten bereits in der Diaspora (Babylon, Syrien, Kleinasien, Ägypten etc.). Nun wuchs ihre Bedeutung, da Palästina verarmt und vom Krieg gezeichnet war. Die Diaspora-Gemeinden blieben jedoch mit dem Land verbunden. Man hoffte, irgendwann würde ein neuer Tempel entstehen.

18.5.3 Bar-Kochba-Aufstand (132–135 n. Chr.)
Einige Jahrzehnte später brach noch einmal ein großer Aufstand aus, angeführt von Schimon Bar Kochba. Er proklamierte sich zum „Fürsten Israels" (Nasi), als Kaiser Hadrian versuchte, Jerusalem zu einer heidnischen Stadt (Aelia Capitolina) umzubauen. Zunächst hatten die Aufständischen Erfolge, doch die Römer schlugen unerbittlich zurück. Nach dreijährigem Krieg wurde der Aufstand niedergeschlagen. Hadrian verhängte harte Strafen, verbot viele jüdische Bräuche und ließ Jerusalem offiziell zur römischen Kolonie machen.

18.6 Die Zerstörung des Zweiten Tempels im jüdischen Gedächtnis

18.6.1 Paradigmenwechsel
Mit der Tempelzerstörung 70 n. Chr. endete der „Zweite Tempel"-Abschnitt in der jüdischen Geschichte. Danach musste das Judentum ohne zentralen Opferkult auskommen. Die Synagoge und das Studium der Tora rückten stärker in den Vordergrund.

18.6.2 Trauer und Gedenken
Bis heute gedenken Juden weltweit am 9. Aw des lunar-jüdischen Kalenders der Zerstörung des Ersten und Zweiten Tempels. Dieser Fastentag ist von Klagen und Trauer geprägt („Tischa beAw"). Die Klagemauer in Jerusalem ist ein Symbol für das verlorene Heiligtum und den Wunsch, dass Gott das Volk eines Tages wieder sammeln möge.

18.6.3 Beginn der langen Diaspora
Auch wenn es weiterhin Juden in Palästina gab, begann nach 70 n. Chr. (und nochmals nach 135 n. Chr.) eine Epoche, in der viele Juden in der Diaspora lebten. Man arrangierte sich in verschiedenen Teilen des Römischen Reiches und später im Sassanidenreich (Persien). Das rabbinische Schriftstudium, das

schließlich zum Talmud führte, wurde zum Kern des jüdischen Überlebens und Zusammenhalts.

18.7 Zusammenfassung Kapitel 18

Die Epoche der jüdischen Aufstände gegen Rom brachte tiefgreifende Veränderungen:

1. **Erster Jüdischer Krieg (66–70 n. Chr.)**: Auslöser waren wirtschaftliche Ausbeutung, religiöse Spannungen und ein extremer römischer Prokurator. Die Aufständischen errangen anfangs Siege, wurden aber letztlich von römischen Legionen unter Titus besiegt.
2. **Zerstörung des Tempels (70 n. Chr.)**: Ein Trauma für das Judentum. Die Kultstätte, Herz der nationalen und religiösen Identität, ging verloren.
3. **Restwiderstand (Massada)**: Der Fall Massadas (73/74 n. Chr.) markierte das endgültige Ende des Aufstands. Die Römer übten Vergeltung, Judäa war verwüstet.
4. **Bar-Kochba-Aufstand (132–135 n. Chr.)**: Ein letzter Versuch, sich gegen Rom zu behaupten, ebenfalls scheiterte. Kaiser Hadrian verhängte noch härtere Sanktionen, Jerusalem wurde zur heidnischen Kolonie Aelia Capitolina.
5. **Folgen**: Der Tempelkult verschwand, das rabbinische Judentum erstarkte, die Diaspora gewann an Bedeutung. Eine starke Sehnsucht nach Rückkehr und Wiederaufbau des Tempels blieb im kollektiven Gedächtnis.

Damit endet die Phase der aktiven Auseinandersetzung mit Rom in der Antike. Im nächsten Kapitel (Kapitel 19) wenden wir uns dem Leben in der Diaspora und der Entwicklung des rabbinischen Judentums zu, das nach dem Verlust des Tempels zum Hauptträger jüdischer Identität wurde.

Kapitel 19: Die Diaspora und das rabbinische Judentum

Einleitung
Die Zerstörung Jerusalems und des Zweiten Tempels im Jahr 70 n. Chr. sowie der Niederschlagung des Bar-Kochba-Aufstands (135 n. Chr.) waren einschneidende Ereignisse, die das jüdische Volk in eine neue Phase führten. Der Opferkult im Tempel konnte nicht länger fortbestehen, das Land Judäa war verwüstet, und römische Verbote erschwerten das öffentliche religiöse Leben. Viele Juden lebten nun in der Diaspora, teils schon seit Jahrhunderten, teils erst als Folge der jüngsten Kriege.

In diesem Kapitel beleuchten wir die Entstehung und Ausbreitung des rabbinischen Judentums, das sich nach dem Verlust des Tempels zu einer prägenden Kraft entwickelte. Außerdem betrachten wir, wie sich das jüdische Leben in verschiedenen Regionen der Diaspora gestaltete. Wir zeigen, dass das Exil nicht nur Zerstörung und Verlust bedeutete, sondern auch zu einem kreativen Aufbruch führte: Neue religiöse Zentren, Schriftauslegung, Synagogengemeinden und rechtliche Kodifikationen machten das Überleben des Judentums möglich.

19.1 Die Situation nach den Aufständen

19.1.1 Verbot und Unterdrückung in Palästina
Nach 70 n. Chr. richteten die Römer die Provinz Judäa neu ein und stationierten Legionen, um weitere Aufstände zu verhindern. Nach dem Bar-Kochba-Aufstand (135 n. Chr.) gingen sie noch härter vor: Kaiser Hadrian verbot viele öffentliche Ausübungen jüdischer Bräuche (Beschneidung war zeitweise untersagt), und Jerusalem wurde in Aelia Capitolina umbenannt. Juden wurde der Zutritt zur Stadt größtenteils verwehrt.

19.1.2 Der Bedeutungsverlust Jerusalems
Da Jerusalem für die jüdische Bevölkerung kaum zugänglich war und der Tempel zerstört blieb, verlagerte sich das religiöse Leben. Einige Juden blieben zwar in Judäa, in Städten wie Lod oder Sepphoris in Galiläa, doch das spirituelle Zentrum war nicht mehr an einen Ort mit Opferkult gebunden.

19.1.3 Die Rolle der Pharisäer und Gelehrten
Noch vor der Zerstörung des Tempels hatte sich die Gruppe der Pharisäer als schriftkundige, auf die Tora fokussierte Frömmigkeitsbewegung hervorgetan. Nach 70 n. Chr. gewannen sie stark an Einfluss. Ihre Lehrer, die man später als „Rabbinen" bezeichnete, entwickelten Theorien und Methoden, um das Gesetz (Tora) an die veränderten Umstände anzupassen. Sie betonten, dass Gebet, Lernen und Befolgung der Gebote den Opferkult ersetzen könnten.

19.2 Jawne (Jamnia) und die Entstehung rabbinischer Strukturen

19.2.1 Gründung einer Gelehrtenschule
Die Überlieferung berichtet, dass der Pharisäer Jochanan ben Sakkai kurz vor der Zerstörung Jerusalems durch Titus aus der belagerten Stadt entkam und von den Römern die Erlaubnis erhielt, in Jawne (Jamnia) eine Lehrschule zu gründen. Ob dies historisch exakt so verlief, ist diskutiert, aber sicher ist, dass sich in Jawne nach 70 n. Chr. ein wichtiges Gelehrtenzentrum bildete.

19.2.2 Ersetzen des Tempelkults durch Tora und Gebet
Die Rabbinen in Jawne beschlossen, dass bestimmte Rituale und Gebete anstelle der täglichen Tempelopfer treten sollten. So etablierte sich das dreimalige Gebet am Tag. Der Schabbat und die Feiertage gewannen an symbolischer Bedeutung, da man Gott auch ohne Opferdienst nahekommen wollte.

19.2.3 Kanonisierung der Schriften
In Jawne diskutierte man, welche Schriften als heilig gelten sollten. Dabei wurde festgelegt, welche Bücher des Tanach (alttestamentliche Schriften) zum Kanon gehören. Die Diskussion um Bücher wie Hoheslied oder Prediger war intensiv, doch letztlich bestätigte man ihren heiligen Rang. Damit verfestigte sich der biblische Kanon, wie er später im Judentum verbindlich blieb.

19.3 Entfaltung des rabbinischen Judentums

19.3.1 Entstehung der Mischna
Die Rabbinen sammelten und kommentierten mündliche Traditionen, die die Tora für den Alltag auslegten. Diese mündliche Lehre (Torah she-be'al peh) war zunächst nicht niedergeschrieben, wurde aber um 200 n. Chr. von Rabbi Jehuda

ha-Nasi in der Mischna zusammengefasst. Die Mischna enthält Rechtsdiskussionen zu Themen wie Reinheit, Sabbat, Feste, Ehe, Zivilrecht und Opfer (auch wenn letzteres nur theoretisch behandelt werden konnte).

19.3.2 Der Prozess der Halacha-Bildung

Halacha ist der Weg oder das „Gesetz" zur Lebensführung. Die Rabbinen diskutierten in den Jahrhunderten nach der Mischna weiter und kommentierten deren Bestimmungen. Daraus entwickelte sich der Talmud, der in zwei Versionen existiert: der Jerusalemer Talmud (im 4. Jahrhundert n. Chr. weitgehend abgeschlossen) und der babylonische Talmud (bis ins 5./6. Jahrhundert n. Chr. weiterentwickelt).

19.3.3 Synagoge als Zentrum

Ohne Tempel wurde die Synagoge (griech. „Versammlung") der Ort, an dem man sich zum Gebet, zum Schriftstudium und zu religiösen Versammlungen traf. Der Gottesdienst war nicht auf Opfer ausgerichtet, sondern auf Lesung der Tora und der Propheten, Gebete und Predigten. Jede Gemeinde hatte ihre Vorsteher und wehrte sich gegen allzu starke Eingriffe von außen, doch die Rabbinen etablierten sich als religiöse Autoritäten, wenn es um Auslegungsfragen ging.

19.4 Die Diaspora: Ein breites Spektrum jüdischen Lebens

19.4.1 Ägypten und Alexandria

Schon seit der ptolemäischen Herrschaft lebte eine große jüdische Gemeinde in Alexandria. Nach den Kriegen in Judäa wuchs diese Gemeinde weiter an. Alexandria war ein Schmelztiegel hellenistischer Kultur. Hier entstanden Werke wie die Septuaginta (griechische Bibelübersetzung) und Schriften von Philosophen wie Philo von Alexandria, der die jüdische Theologie mit griechischem Denken verband.

19.4.2 Babylonien

In Babylonien lebten seit der Zeit des babylonischen Exils (6. Jahrhundert v. Chr.) Juden. Mit der Zeit wurde die babylonische Gemeinde sehr einflussreich. Nach 70 n. Chr. kamen weitere Flüchtlinge und Gelehrte hinzu, was die Entstehung großer Lehrschulen in Sura und Pumbedita förderte. Hier entwickelte sich später der babylonische Talmud, der bis heute im Judentum eine herausragende Autorität hat.

19.4.3 Kleinasien, Syrien und Rom

In Kleinasien (heute Türkei) gab es zahlreiche Diasporagemeinden, die sich teils stark an die griechisch-römische Kultur angepasst hatten. In Syrien (z. B. Antiochia) bestand eine große jüdische Bevölkerung, und in der Stadt Rom selbst hatten Juden seit dem 2. Jahrhundert v. Chr. Gemeinden gebildet. Diese jüdischen Gemeinden durften ihren Glauben oft frei ausüben, solange sie loyal zum römischen Staat blieben und die Steuern zahlten.

19.5 Spannungen und Integration in der Diaspora

19.5.1 Handelsbeziehungen und Berufe

In vielen Städten waren Juden erfolgreich im Handel tätig, da das weitgespannte Netz jüdischer Gemeinden den Austausch erleichterte. Manche wurden zu Hofbeamten, Beratern oder Ärzten. Andere arbeiteten als Handwerker oder Bauern in den ländlichen Regionen.

19.5.2 Religiös-kulturelle Anpassung

Ein Teil der Diasporajuden nahm äußere Formen der hellenistisch-römischen Welt an: Man sprach Griechisch oder Latein, kleidete sich ähnlich wie die Nichtjuden, und in manchen Fällen gab es sogar eine gewisse Bereitschaft, öffentliche Ämter mitzugestalten. Dennoch blieb die Befolgung des Sabbats und der Speisegesetze ein starkes Abgrenzungsmerkmal.

19.5.3 Antijüdische Ressentiments

Immer wieder kam es zu Pogromen und Anfeindungen in verschiedenen Städten. Gründe waren wirtschaftliche Rivalität, Misstrauen gegenüber den „abgesonderten" jüdischen Sitten oder Vorurteile (etwa Beschuldigungen, Juden würden „atheistisch" handeln, weil sie keine Götterbilder anerkannten). Die Römer gewährten oftmals Protektion, solange die Juden nicht politisch aufbegehrten. Doch in Krisenzeiten schlugen Vorurteile rasch in Gewalt um.

19.6 Rabbinisches Judentum als verbindende Klammer

19.6.1 Die Bedeutung der Tora

Das rabbinische Judentum definierte sich durch die Tora (Schrift) und die mündliche Lehre (Mischna, später Talmud). Ein Jude konnte in Babylon leben oder in Ägypten – solange er den Geboten folgte, konnte er sich mit den anderen Gemeinden verbunden fühlen. Synagogen entstanden überall und dienten als Versammlungs- und Gebetsorte.

19.6.2 Autoritäten und Gelehrtenakademien
In Palästina (Galiläa) und Babylonien entwickelten sich Gelehrtenakademien, in denen die Rabbinen die Mischna diskutierten und erweiterten. Die in Babylonien lebenden Gelehrten genossen hohes Ansehen, da sie relativ unbehelligt von römischer Verfolgung arbeiten konnten. Man sprach in diesem Zusammenhang vom „Exilarchen" (Resch Galuta) in Babylon, einer Art politisch-religiöser Führungsfigur der dortigen Juden.

19.6.3 Einheit in der Vielfalt
Trotz unterschiedlicher Lebensumstände blieb das Grundmuster gleich: Sabbat, Speisevorschriften (Kaschrut), Beschneidung, Feiertage (Pessach, Schawuot, Sukkot, etc.), Tora-Lesung, Gebet. Diese Rituale und Gebote gaben der verstreuten Gemeinschaft eine starke Identität. Vor allem die jährliche Erinnerung an die Zerstörung Jerusalems und der Wunsch nach einer künftigen Erlösung hielt das Volk zusammen.

19.7 Übergang zur Spätantike: Christentum, Sassaniden und weitere Veränderungen

19.7.1 Aufstieg des Christentums
Parallel zur Entwicklung des rabbinischen Judentums entstand im 1. Jahrhundert n. Chr. das Urchristentum, das sich zunächst in jüdischen Kreisen ausbreitete, dann aber zunehmend heidnische Anhänger gewann. Nach der konstantinischen Wende (4. Jahrhundert) wurde das Christentum im Römischen Reich dominant. Für jüdische Gemeinden bedeutete dies, dass sie nun in einem zunehmend christlich geprägten Imperium lebten, was zu neuen Spannungen und Einschränkungen führte.

19.7.2 Sassanidisches Perserreich
In Babylonien beziehungsweise Mesopotamien löste das Sassanidenreich (ab 224 n. Chr.) das Partherreich ab. Die sassanidischen Könige waren teils tolerant, teils misstrauisch gegenüber den jüdischen Gemeinden. Dennoch blieb Babylonien

das Zentrum jüdischer Gelehrsamkeit, wo die Redaktion des babylonischen Talmuds im 5.-6. Jahrhundert maßgeblich abgeschlossen wurde.

19.7.3 Weiteres Exil und Migration

Im Laufe der Spätantike wanderten Juden auch nach Westeuropa (Gallien, Hispanien), Nordafrika oder Arabien. Sie gründeten dort kleine Gemeinden, die meistens in friedlicher Koexistenz mit der lokalen Bevölkerung lebten – bis zu neuen Konfrontationen, die je nach politischer Lage auftreten konnten.

Kapitel 20: Ausblick auf spätere Entwicklungen

Einleitung
In den vorangegangenen Kapiteln haben wir die Geschichte Israels von den frühesten Zeiten über das Königtum, die Exile, die persische und hellenistische Epoche bis hin zur römischen Herrschaft und den jüdischen Aufständen beleuchtet. Das rabbinische Judentum und die weite Diaspora bildeten das Fundament, auf dem das jüdische Volk in den folgenden Jahrhunderten fortbestand.

Dieses abschließende Kapitel skizziert, was in der langen Phase vom Ende der Antike bis vor die Neuzeit geschah – also grob gesagt von der Spätantike (5.–6. Jahrhundert) bis an die Schwelle zur Moderne (um das 15. Jahrhundert). Wir werden nicht in die Neuzeit selbst vordringen, da das den Rahmen sprengen und in die moderne Geschichte eintauchen würde. Unser Ziel ist es, das kulturelle und religiöse Leben der Juden in dieser langen Epoche grob zu umreißen und damit den Bogen zu schließen, wie sich die Identität Israels entwickelt hat, bevor wir die moderne Phase ausklammern.

20.1 Die spätantike Welt: Byzanz, Sassaniden und frühe islamische Expansion

20.1.1 Die byzantinische Herrschaft in Palästina
Nach der Teilung des Römischen Reiches (Ende 4. Jahrhundert) gehörte Palästina zum Oströmischen Reich (Byzanz). Unter den christlichen Kaisern wuchsen die Beschränkungen für Juden, da das Christentum Staatsreligion war. Juden durften ihre Synagogen zwar oft behalten, aber Neubauten waren schwierig. Mancherorts kam es zu Zwangstaufen und Vertreibungen.

20.1.2 Das Sassanidenreich und jüdische Blüte in Babylonien
Im Sassanidenreich blieb Babylonien ein Zentrum jüdischer Gelehrsamkeit. Die dortigen jüdischen Gemeinden lebten teils unter größeren Freiheiten als im byzantinischen Bereich, teils auch unter phasenweiser Repression. Der babylonische Talmud erreichte im 6. Jahrhundert eine weitgehend abgeschlossene Form und wurde für die Juden weltweit ein prägender Text.

20.1.3 Frühe islamische Eroberungen (ab 7. Jahrhundert)

Im 7. Jahrhundert breitete sich der Islam von Arabien aus. Die arabischen Armeen nahmen Palästina (636 n. Chr. Schlacht am Jarmuk gegen Byzanz) und Babylonien ein. Unter islamischer Herrschaft (Umayyaden, Abbasiden) erhielten die „Leute des Buches" (Juden und Christen) einen geschützten Status (Dhimmis), mussten aber Sondersteuern (Dschizya) zahlen und bestimmte Diskriminierungen hinnehmen. Andererseits eröffnete das Kalifat neue wirtschaftliche Chancen für jüdische Händler und Gelehrte, die sich in den Städten des Nahen Ostens niederließen.

20.2 Jüdische Zentren des Mittelalters: Babylonien, Nordafrika, Europa

20.2.1 Gaonat in Babylonien

Unter der islamischen Herrschaft konnten die jüdischen Akademien in Sura und Pumbedita weiter gedeihen. Die Vorsteher dieser Akademien, die Gaonen, entwickelten responsen (Halacha-Gutachten) für Gemeinden in der ganzen damaligen Welt. Damit blieb Babylonien im Frühmittelalter das geistige Herz des rabbinischen Judentums.

20.2.2 Nordafrika und Spanien

Ab dem 8. Jahrhundert blühten jüdische Gemeinden in Nordafrika (Tunesien, Marokko) und im muslimischen Spanien (Al-Andalus). Vor allem im Kalifat von Córdoba (10.–11. Jahrhundert) wirkten berühmte jüdische Gelehrte, Dichter und Philosophen (etwa die Familie ibn Nagrela, Samuel ha-Nagid). Später wurde auch Granada oder Sevilla zu Zentren jüdischer Kultur. Man schrieb in Hebräisch und Arabisch, verfasste philosophische Werke, Dichtungen und Kommentare zur Bibel.

20.2.3 Aschkenas: Juden in Europa

Im christlichen Europa (Frankreich, Deutschland, Norditalien) etablierten sich jüdische Gemeinden, bezeichnet als „aschkenasische" Juden. Sie waren anfänglich unter königlichem Schutz (als Kammerknechte des Kaisers), wurden aber oft Ziel von Pogromen. Insbesondere Kreuzzüge (ab 1096) brachten Massaker an Juden in deutschen Städten (Rheinland), was die Sicherheit erheblich beeinträchtigte. Trotz Verfolgung entstanden dort wichtige

Talmudschulen (etwa in Worms, Speyer, Mainz), und Gelehrte wie Raschi (11. Jahrhundert in Troyes) kommentierten die Bibel und den Talmud.

20.3 Kulturelle und geistige Leistungen im Mittelalter

20.3.1 Blüte der hebräischen Poesie und Philosophie
In den muslimisch regierten Gebieten Spaniens, Nordafrikas und des Nahen Ostens vereinten jüdische Gelehrte die arabische Kultur mit ihren eigenen Traditionen. Dichter wie Jehuda Halevi (12. Jahrhundert) schrieben wunderbare hebräische Gedichte. Philosophen wie Moses Maimonides (1135–1204) verfassten bahnbrechende Schriften, zum Beispiel den „Führer der Unschlüssigen" (arabisch: Dalalat al-Ha'irin), in dem sie Aristoteles mit dem Judentum in Einklang zu bringen versuchten.

20.3.2 Halachische Kodifizierungen
Im Hochmittelalter entstanden Werke, die die Halacha systematisch ordneten. Maimonides schrieb den „Mischne Tora", ein umfassendes Gesetzeswerk. Später fassten andere Gelehrte diese Traditionen in weiteren Kodizes zusammen, die bis heute in orthodoxen Kreisen von großer Bedeutung sind (z. B. der Schulchan Aruch im 16. Jahrhundert – liegt allerdings schon in der Frühen Neuzeit, doch seine Wurzeln reichen in die mittelalterlichen Entwicklungen zurück).

20.3.3 Mystik und Kabbala
Im 12. und 13. Jahrhundert bildeten sich mystische Strömungen aus. In Südfrankreich (Provence) und in Spanien (Gerona) entstanden kabbalistische Schulen. Das Hauptwerk der Kabbala, der „Sohar", wurde dem Rabbi Schimon bar Jochai aus dem 2. Jahrhundert zugeschrieben, entstand aber wahrscheinlich im 13. Jahrhundert. Diese esoterische Tradition suchte göttliche Geheimnisse durch Symbolik, Zahlen und spekulative Auslegungen der Schrift zu ergründen.

20.4 Vertreibungen und Ghettoisierung im christlichen Europa

20.4.1 Kreuzzüge und Pogrome
Während der Kreuzzüge (ab Ende des 11. Jahrhunderts) kam es zu Pogromen gegen jüdische Gemeinden in Deutschland und Frankreich. Man beschuldigte Juden fälschlich, Schuld an Jesu Tod zu tragen, oder erfand Ritualmordlegenden.

Auch wirtschaftliche Motive spielten eine Rolle, weil man die Schulden bei jüdischen Geldverleihern löschen konnte, indem man sie verjagte oder tötete.

20.4.2 Vertreibungen
Im 13. und 14. Jahrhundert kam es in verschiedenen Reichen Europas zu systematischen Vertreibungen: Aus England (1290), aus Frankreich (mehrfach, z. B. 1306) und später aus Spanien (1492) und Portugal (1497). Viele Juden flohen in den Mittelmeerraum (Osmanisches Reich) oder nach Osteuropa (Polen, Litauen), wo die Herrscher sie aus wirtschaftlichen Gründen aufnahmen.

20.4.3 Ghettoisierung
In etlichen Städten des Heiligen Römischen Reiches und Italiens wurden Juden ab dem späten Mittelalter gezwungen, in speziellen Vierteln (Ghettos) zu leben, die nachts abgeschlossen wurden. Diese Wohnviertel waren teils überfüllt, hygienisch prekär. Gleichwohl entwickelten sie ein reiches internes Gemeindeleben, mit Schulen (Talmud-Tora) und Synagogen, und bewahrten so die Kultur.

20.5 Der Goldene Zeitalter in Spanien – und sein Ende

20.5.1 Al-Andalus
Unter muslimischer Herrschaft in Spanien (8.–12. Jahrhundert) gab es eine weitgehend tolerante Politik gegenüber Juden und Christen (Andalus war multikonfessionell). Jüdische Minister (wie Hasdai ibn Schaprut, 10. Jahrhundert) und Generäle (Samuel ha-Nagid) stiegen zu hohen Ämtern auf. Die jüdische Kultur blühte, Dichter und Gelehrte wirkten, woraus das „Goldene Zeitalter" des spanischen Judentums entstand.

20.5.2 Die Reconquista
Ab dem 11. Jahrhundert begannen christliche Königreiche, die muslimischen Gebiete zurückzuerobern. Anfänglich hatten auch diese christlichen Herrscher Juden in ihren Territorien geduldet, weil sie ihre wirtschaftlichen und administrativen Fähigkeiten schätzten. Doch mit der Zeit verschärften sich die religiösen Spannungen, vor allem im 14. und 15. Jahrhundert, als die Kirche und fanatische Volksbewegungen Druck auf jüdische Gemeinden ausübten.

20.5.3 Edikt von Alhambra (1492)
Der entscheidende Einschnitt war die Vertreibung der Juden aus Spanien durch

das Alhambra-Edikt der Katholischen Könige (Isabella und Ferdinand) im Jahr 1492. Zigtausende Juden mussten in wenigen Monaten konvertieren oder auswandern. Viele wählten das Exil und gingen in das Osmanische Reich, nach Nordafrika oder Italien. Damit endete das einst blühende jüdisch-spanische Kulturzentrum. Diese Sephardim (spanische Juden) behielten ihre spanische Sprache (Ladino) und Traditionen in den neuen Heimatländern.

20.6 Osteuropa: Neue Zuflucht und Entwicklung

20.6.1 Frühphase in Polen und Litauen
Ab dem 13./14. Jahrhundert luden die polnischen Könige Juden ein, weil sie Handwerker, Händler und Geldverleiher brauchten. Juden erhielten teils Privilegien (z. B. Statut von Kalisch, 1264), die ihnen relative Freiheiten gaben, eigene Gerichte (Kahal) und Selbstverwaltung zu organisieren. So entwickelten sich große Gemeinden in Krakau, Posen, Lublin oder Wilna.

20.6.2 Kulturelles Zentrum
Im Spätmittelalter bis in die Frühe Neuzeit wuchs die jüdische Bevölkerung in Polen-Litauen stark. Jiddisch, eine Variante des Mittelhochdeutschen mit hebräischen und slawischen Einflüssen, wurde zur Alltagssprache der aschkenasischen Juden. Religionsschulen und Talmudstudium erreichten hohes Niveau. So entstand eine neue Hochburg jüdischer Gelehrsamkeit, die später für das europäische Judentum prägend werden sollte.

20.6.3 Einschränkungen und Pogrome
Auch in Osteuropa kam es zu Phasen grausamer Verfolgung (z. B. die Chmelnyzkyj-Kosakenaufstände 1648/49 in der Ukraine, die schon in der Frühen Neuzeit liegen, aber ihren Vorläufern in Vorgeschichte). Das Mittelalter selbst sah eher einen Aufbau von Strukturen, doch die Lage blieb stets fragil, abhängig vom Wohlwollen der Landesherren.

20.7 Geistiger Reichtum und grenzüberschreitende Netzwerke

20.7.1 Briefkontakte und Reisewege
Ob in Bagdad, Kairo, Toledo, Worms oder Krakau – die jüdischen Gemeinden standen in Korrespondenz. Fragen zur Halacha wurden an die berühmten

„Poskim" (Rechtsentscheider) gesandt, deren Antworten als Responsen verbreitet wurden. Händler verbanden die Küsten des Mittelmeers mit den Binnenländern Europas und brachten Waren und Neuigkeiten mit sich.

20.7.2 Zusammenhalt durch Feste und Bräuche
Die großen Feste (Pessach, Schawuot, Sukkot) sowie das wöchentliche Shabbatgebot vereinten Juden weltweit. Die liturgischen Texte, Lieder und Gebetsordnungen hatten regionale Varianten (aschkenasisch, sephardisch, orientalisch), doch man erkannte sich gegenseitig in der gemeinsamen Tora-Basis.

20.7.3 Bildung und Familiensystem
Das Erlernen des Lesens (Hebräisch) war für Jungen ein Muss, um die Schrift kennen zu lernen. In manchen Regionen wurden auch Mädchen rudimentär unterrichtet, damit sie die Gebete verstehen konnten. Traditionell heirateten Juden früh, oft arrangierte Ehen. Das Familienleben war eng mit den religiösen Geboten verknüpft (z. B. Speisegesetze, Reinheitsvorschriften).

20.8 Wechselnde Machtverhältnisse bis vor die Neuzeit

20.8.1 Ende des Mittelalters
Gegen Ende des Mittelalters (15. Jahrhundert) sah man in Europa den Aufstieg neuer Nationalstaaten (z. B. Frankreich, Spanien). Juden wurden je nach Land entweder vertrieben oder streng reglementiert. In Nord- und Westeuropa blieb ihre Lage prekär.

20.8.2 Osmanisches Reich
Nach der Eroberung Konstantinopels (1453) bauten die Osmanen ein Großreich auf. Viele sephardische Juden (aus Spanien/Portugal vertrieben) fanden Zuflucht im Osmanischen Reich, besonders in Städten wie Saloniki, Istanbul, Safed (in Galiläa) und Kairo. Dort konnten sie ihre Traditionen bewahren und teils gedeihen, etwa in Form von Handelsnetzwerken oder Gelehrtenkreisen (in Safed entwickelte sich im 16. Jahrhundert ein wichtiges Zentrum kabbalistischer Mystik).

20.8.3 Übergang zur Frühen Neuzeit
Mit der Erfindung des Buchdrucks (um 1450) und der Renaissance begann eine neue Epoche. Der Buchdruck erleichterte auch die Verbreitung hebräischer

Schriften (Bibeln, Talmud, Kommentare). Die protestantische Reformation (16. Jahrhundert) in Teilen Europas veränderte die kirchlichen Strukturen, ohne jedoch Juden grundsätzlich besser zu stellen. Einzelne Reformatoren äußerten sogar antisemitische Schriften.

20.9 Zusammenfassung: Kontinuität und Wandel bis vor die Neuzeit

1. **Diaspora als Normalität**: Nach der Antike war die Mehrheit der Juden dauerhaft außerhalb des Heiligen Landes ansässig. Nur eine kleinere Gemeinschaft blieb in Palästina, das erst byzantinisch, dann islamisch wurde.
2. **Rabbinische Tradition**: Die Idee einer schriftlichen und mündlichen Tora, verbunden in Mischna und Talmud, wurde zum Herz des Judentums. Gelehrsamkeit und Synagoge ersetzten den Tempel.
3. **Regionale Vielfalt**: Es entstanden sephardisches (spanisch-orientalisches), aschkenasisches (deutsch-osteuropäisches) und orientalisches (Nahost) Judentum mit eigenen Sprachen (Ladino, Jiddisch, Arabisch, Persisch) und Bräuchen.
4. **Höhepunkte und Katastrophen**: Zeiten relativer Blüte (etwa in Al-Andalus oder unter toleranten Fürsten in Polen) wechselten sich ab mit Pogromen, Vertreibungen und rechtlicher Diskriminierung in Westeuropa.
5. **Ausblick**: Bis vor die Schwelle der Neuzeit bestand das jüdische Volk weiter als transnationale Minderheit. Es hatte keine staatliche Einheit, aber eine starke religiös-kulturelle Identität.

Damit schließen wir unseren Überblick über die Geschichte Israels und der Juden bis vor die Neuzeit. Wir haben in 20 Kapiteln die Wanderung durch Jahrtausende unternommen, von der Vorzeit über biblische Epochen und das zweite Tempelzeitalter bis hin zum rabbinischen Judentum und der mittelalterlichen Diaspora.

Die moderne Geschichte mit Aufklärung, Emanzipation, Nationalbewegungen und weiteren Entwicklungen blenden wir hier bewusst aus, wie eingangs angekündigt. Unser Fokus lag auf den historischen Grundlagen, dem Werdegang der israelitisch-jüdischen Kultur und Religion – angefangen in den archäologisch greifbaren Anfängen bis zum Ende des Mittelalters. Damit haben wir den Boden für das Verständnis gelegt, wie die jüdische Identität auch ohne eigenes Land und trotz Verfolgungen überdauern konnte.

Schlussgedanken

Mit diesem letzten Kapitel endet unser Streifzug durch die „Vollständige Geschichte Israels", soweit wir sie ohne die eigentliche Moderne abhandeln wollten. Wir haben in 20 Kapiteln gesehen, wie vielschichtig die Entwicklungen waren, wie wechselvoll die politische und religiöse Geschichte sich gestaltete und wie das jüdische Volk trotz aller Zerstreuung stets seine Tradition bewahrte.

Von den ersten Spuren menschlicher Besiedlung im Gebiet des heutigen Israel bis zur mittelalterlichen Diaspora und der rabbinischen Kultur spannt sich ein weiter Bogen. Er zeigt uns, dass Geschichte nie linear verläuft, sondern von Brüchen, Rückschlägen und Neuerungen geprägt ist. Das antike Israel, das sich einst in der Bibel konstituierte, durchlebte Phasen großer politischer Macht (Königreiche David und Salomo), wurde von fremden Reichen beherrscht (Assyrien, Babylon, Persien, Hellenismus, Rom) und fand schließlich in der schriftzentrierten Religion eine Kraft, die auch in der Diaspora überlebensfähig blieb.

Die hier dargestellte Reise soll verdeutlichen, dass die Geschichte Israels weit über das hinausgeht, was man in kurzen Zusammenfassungen oft liest. Jede Epoche hatte ihre Besonderheiten: Kanaaniter, Patriarchen, Exodus, Landnahme, Königtum, Exil, Wiederaufbau, hellenistische Beeinflussung, die Makkabäer, das römische Zeitalter, die Aufstände, die rabbinische Kultur und die weite Diaspora – all diese Stationen formen ein kaleidoskopisches Bild, das letztlich die Identität des Judentums bis vor die Schwelle der Neuzeit begründet.

Damit sei unser Blick auf die Geschichte Israels in diesem Werk beendet. Die Frage, was danach, in der Neuzeit und Moderne, geschah, wird hier ausgeklammert. Doch eines ist klar: Die Entwicklungen, die wir in diesen 20 Kapiteln verfolgt haben, bildeten die Grundlage für das Judentum, wie es bis heute existiert – weltweit verbreitet, doch kulturell und religiös vereint in den Wurzeln, die in der antiken Geschichte gelegt wurden.

Helfen Sie uns, Ihre Gedanken zu teilen!

Lieber Leser,

vielen Dank, dass Sie sich die Zeit genommen haben, dieses Buch zu lesen. Wir hoffen, es hat Ihnen Spaß gemacht und ein paar neue Ideen zum Nachdenken gebracht. Wenn es etwas gab, das Ihnen nicht gefallen hat, oder wenn Sie Vorschläge haben, wie wir uns verbessern können, lassen Sie es uns bitte unter **kontakt@skriuwer.com** wissen. Ihr Feedback bedeutet uns sehr viel und hilft uns, unsere Bücher noch besser zu machen.

Wenn Ihnen dieses Buch gefallen hat, wären wir Ihnen sehr dankbar, wenn Sie auf der Website, auf der Sie es gekauft haben, eine Rezension hinterlassen würden. Ihre Rezension hilft nicht nur anderen Lesern, unsere Bücher zu finden, sondern ermutigt uns auch, weitere Geschichten und Materialien zu erstellen, die Sie lieben werden.

Wenn Sie sich für **Skriuwer** entscheiden, unterstützen Sie auch die friesische Sprache - eine Minderheitensprache, die hauptsächlich im Norden der Niederlande gesprochen wird. Obwohl **Friesisch** auf eine reiche Geschichte zurückblicken kann, schrumpft die Zahl der Sprecher, und die Sprache ist vom Aussterben bedroht. Mit Ihrem Kauf tragen Sie zur Finanzierung von Ressourcen zur Erhaltung und Förderung dieser Sprache bei, z. B. Bildungsprogramme und Lernmittel. Wenn Sie mehr über die friesische Sprache erfahren oder sie sogar selbst erlernen möchten, besuchen Sie bitte **www.learnfrisian.com**.

Vielen Dank, dass Sie Teil unserer Gemeinschaft sind. Wir freuen uns darauf, in Zukunft weitere Bücher mit Ihnen zu teilen.

Mit freundlichen Grüßen,

Das Skriuwer-Team

www.ingramcontent.com/pod-product-compliance
Lightning Source LLC
LaVergne TN
LVHW012109070526
838202LV00056B/5680